AF525307

natürlich oekom
nachhaltig seit 1989

Bibliografische Information der Deutschen Nationalbibliothek:
Die Deutsche Nationalbibliothek verzeichnet diese Publikation
in der Deutschen Nationalbibliografie; detaillierte bibliografische
Daten sind im Internet über www.dnb.de abrufbar.

oekom – Gesellschaft für ökologische Kommunikation mbH
Goethestraße 28, 80336 München

Layout und Satz: Reihs Satzstudio, Lohmar
Lektorat: oekom verlag
Korrektur: Maike Specht
Umschlaggestaltung: Sarah Schneider, oekom verlag
Umschlagabbildung: © Adobe Stock: allouphoto, bearbeitet mit Photoshop (Beta) Creative AI
Druck: CPI books GmbH, Leck

ISBN 978-3-98726-059-9

Tom Veltmann

Das Schöne bewahren

Handeln für eine lebenswerte Zukunft

Inhalt

Die Natur ist das Schönste
und kein Eigentum.
Es ist eine Freude und Pflicht,
sie zu bewahren.

Vorwort

Natur ist, was auch wir sind. Sie schenkt uns das Leben, und sie ist die Voraussetzung für alles, was wir kennen. Ist Natur nicht das Schönste? Eigentlich ist es normal, dass wir das Schönste schützen. Diese Normalität ist aber gestört. Heute müssen Menschen die Natur vor unserer Normalität schützen.

Unsere Art des Wirtschaftens hat die Natur in einen existenziell bedrohlichen Zustand gebracht mit einem deutlichen Trend des »Weiter so ins Anthropozän«, das heißt in unser neues Erdzeitalter, in dem wir Menschen die Erde so gravierend verändern, dass wir sie sogar geologisch prägen. Die Menschheit verdreifachte sich von 2,5 Milliarden im Jahr 1950 auf heute 8 Milliarden – das ist nicht einmal die Dauer eines Menschenlebens – und wächst insbesondere in den ärmeren Erdteilen rasant weiter. Alle Menschen möchten Wohlstand, Schwellenländer wollen ebenfalls Industrialisierung. Die Naturschädigung des Planeten schreitet schnell voran.

Auch wenn die nur 447 Millionen EU-Bürger im Vergleich zu den USA, Australien und China mit ihren Schritten gegen den Klimawandel vorne liegen, aber bislang auch weiterhin wachsende CO_2-Emissionen liefern und ihre eigenen Klimaziele nicht erreichen – die Milliarden Menschen der ärmeren Länder beginnen gerade erst, sich zu industrialisieren und den Klimawandel weiter zunehmend zu befeuern. Die Vermehrung der klimaschädlichen Gase in der Luft steigt weltweit weiter, in jüngster Zeit sogar noch schneller.

Die Biosphäre hat sich global bereits durchschnittlich um 1,2 Grad erwärmt. Dabei fällt die Erwärmung an den eistragenden Polen viel höher aus und liegt hier bereits bei durchschnittlich 3 bis 4 Grad. Der Südpol hatte Anfang 2020 erstmalig über 20 Grad – plus! Nun fragen sich viele, was diese gering erscheinenden Gradzahlen denn ausmachen mögen. Zum Vergleich: Bei nur 1 Grad Temperaturerhöhung haben wir Menschen bereits Fieber; und wir sind auch Lebewesen neben vielen anderen auf diesem Planeten, die biologisch ganz ähnlich funktionieren. Zahlreiche Folgewirkungen der Erderwärmung und das mögliche Erreichen der sogenannten Kipppunkte, die weitere Erwärmungen nach sich ziehen und unumkehrbar sind, sind wissenschaftlich erwiesen. Massive Flüchtlingsströme aus unwirtlich werdenden Erdteilen und Kriege um menschliche Lebensräume und Ressourcen werden bereits prognostiziert.

Zusätzlich werden durch unsere weltweit wachsende Landnutzung Tiere und Pflanzen verdrängt. Wir erleben bereits heute das bislang größte Aussterben von Tier- und Pflanzenarten. Jede Art war einzigartig in Schönheit und Funktion für das biologische System. Die Biosphäre verliert ihre Leben schenkende Kraft immer mehr.

Wie können wir diese Wissenskomplexität für einen wirksamen Natur- und Klimaschutz auflösen?

Fangen wir endlich bei der maßgeblichen Ursache an. Alle menschlichen Produkte und Objekte werden mit Energieeinsatz aus Naturmaterialien hergestellt, teils mit großen Kollateralschäden in der Natur: Gebäude, Straßen, Autos, Kleidung, Computer, Lebensmittel – alles Menschengemachte. Häufig kennen wir ihre Auswirkungen in der Natur und für unsere Gesundheit nicht. Hier liegt das größte Potenzial für echten Natur-, Klima- und Gesundheitsschutz und sogar für ein besseres Leben. Durch die naturschonende Verbesserung unserer Produkte könnten wir viel weniger und wirklich geeignete Naturmaterialien nutzen und hierdurch der Natur wieder mehr Raum zurückgeben. Dies betrifft die Unternehmen wie jede*n einzelne*n Nutzer*in/Konsument*in.

Es gilt, die Naturbedingungen und das innovative Naturwissen in die Herstellung aller Produkte einfließen zu lassen. Dabei werden Unternehmen mit naturschonenden und gesunden Produkten global große Wettbewerbsvorteile gewinnen. Und es gilt, jede*n zu befähigen, individuell beste und naturschonende Konsumentscheidungen treffen zu können. Denn jede*r möchte doch wissentlich ausgewählte Produkte zu seinen persönlichen Begleitern machen. Es bedarf insgesamt eines Wissens um die ursächlichen Zusammenhänge der Wechselwirkungen zwischen unserer Art des Wirtschaftens und der Natur. Den Schlüssel hierzu liefert dieses Buch mit seinen systemischen Erklärungen der wesentlichen, aufeinander aufbauenden Themengebiete: Schönheit und Probleme der Natur und Verbesserungsvorschläge hierzu als wirksame Lösungsangebote für jede*n, Wesentliches für die Natur, für unser Gemeinwohl und für sich selbst zu tun.

Wähle du mit diesem Wissen selbst deinen Weg. Die Natur wirksam zu schützen, hat nichts mit Verzicht oder Kosten zu tun, sondern – versprochen – es wird dein Leben bereichern, verbessern, gesünder und stolzer machen. Und Wissen stiftet an: Gib es weiter. Je mehr mitmachen, desto mehr Raum wird der Natur zurückgegeben. Wenn viele Menschen an vielen Orten Gutes tun, werden sie das Gesicht der Welt verändern.

Unsere Art des Wirtschaftens ist die Ursache für die Schädigung der Natur

In unzähligen Gesprächen mit verschiedensten Menschen über die bedrohlich wachsenden Naturschädigungen höre ich immer wieder die Frage »Was kann ich denn schon als Einzelner tun?« und die Forderung »Die Politik, die Wirtschaft oder alle Menschen müssen mehr tun, um wirksame Verbesserungen zu erreichen!«. Damit geht man wieder zu der Normalität über, deren Entwicklung als immer bedrohlicher empfunden wird. Dies ist das Dilemma der Verantwortung, das es nun aufzulösen gilt.

Es wird geschätzt, dass wir bis Mitte dieses Jahrhunderts über 10 Milliarden Menschen sein werden. Die konventionelle Art unseres Wirtschaftens in Verbindung mit dieser Bevölkerungsexplosion ist die maßgebliche Ursache für Naturschädigungen, die bereits katastrophale, ja bereits tödliche Ausmaße haben – sowohl für die Natur als auch für uns Menschen –, denn alle Produkte – alle von Menschen gefertigten Gegenstände – werden mit Materialien aus der Natur produziert. Ihre konventionellen Kollateralschäden in der Natur sind weltweit schlicht viel zu groß, weshalb die Natur auch uns Menschen in absehbarer Zukunft nicht mehr ausreichend Lebensgrundlagen geben kann, wenn wir konventionell weitermachen.

Angesichts der existenziell immer bedrohlicher werdenden ökologischen Daten und ihrer steigenden Bekanntheit in der Bevölkerung werden in unseren Gesellschaften die Rufe nach vermeintlich einfachen Lösungen immer lauter. So wird unsere Gesellschaft im Kontext mit dem Nachhaltigkeitsmainstreamthema Klimawandel in Sektoren wie zum Beispiel Energiewirtschaft, Industrie, Verkehr und Gebäude unterteilt (Deutsche Bundesregierung 2023). In den einzelnen Sektoren werden politisch umsetzbare einzelne CO_2-Reduktionsprogramme initiiert und subventioniert. Hauptziel ist dabei die Umstellung der Verbrennung fossiler Biomasse auf die Nutzung erneuerbarer Energien.

In der Öffentlichkeit entsteht der Eindruck, dass lediglich ein Umsteuern bei der Energie die Klima- und Naturprobleme lösen würde. Es wird übersehen, dass darüber hinaus viele verschiedene Emissionen – unter anderem ein wesentlicher Anteil an CO_2-Emissionen – bei der weltweiten Produktion der vielen von uns genutzten Güter eingebaut werden.

Selbstverständlich stellt der Ersatz der konventionellen Energieträger durch erneuerbare Energien einen großen klimaschonenden Fortschritt dar, doch trotz dieser Maßnahmen im Energiebereich nimmt die Erderwärmung weiter zu, auch in Deutschland und der EU. Woran liegt das – neben der weltweit viel zu langsamen Einführung erneuerbarer Energien?

Nicht nur Energieträger, sondern jedes Produkt, jeder Gegenstand und alle Objekte, die Menschen herstellen, verursachen unterschiedlich starke Klima- und Naturschäden. Alle Produkte (alle menschengemachten Gegenstände) bestehen aus Naturmaterialien, die häufig mit Kollateralschäden in der Natur gefördert werden, in ihren Herstellungs- und Logistikprozessen wie auch in der Zeit ihrer Nutzung weitere Emissionen produzieren und am Ende ihrer häufig immer kürzeren Nutzungszeit weltweit immer noch viel zu häufig verbrannt werden oder als Abfälle in die Natur gelangen. Letztlich verantworten wir mit allen Produkten das Maß der Beanspruchung der Natur. Und die Energien setzen wir zur Herstellung und zur Verwendung aller Produkte ein.

In unserem normalen Leben ist nach dem Hausbau die Investition in ein Auto am materialintensivsten. Für die Herstellung jedes Autos, egal, ob mit Verbrennungs- oder Elektromotor, wird bei der Förderung sämtlicher Materialien aus der Natur, in den Produktionsprozessen und weltweiten Transporten der globalen Lieferketten aller Einzelteile bis zur Fertigstellung des Wagens bereits ein sehr hoher Anteil des gesamten Auto-CO_2-Fußabdrucks verursacht. Dieser hohe, bereits vor der ersten Nutzung anfallende CO_2-Anteil wird in den öffentlichen Diskussionen jedoch kaum erwähnt, ebenso wenig der CO_2-Anteil für das angestrebte Recycling der Autos. Angesichts der heute durchschnittlich immer kürzeren Lebensdauer der überdies durchschnittlich immer schwereren Autos mit immer mehr Material sollte aber dieser hohe im Voraus anfallende CO_2-Anteil mit dem in der Öffentlichkeit einzig diskutierten Energieeinsatz für die Autofahrten ins Verhältnis gesetzt werden. Das heißt, die Produkte selbst verursachen – verteilt über ihr gesamtes »Produktleben« von der Naturmaterialförderung bis zum Recycling – maßgeblich CO_2. Um hier die unfassbaren Materialmengen aus der Natur – hier am Produktbeispiel Auto – zu veranschaulichen: Wir haben heute weltweit bereits 1,4 Milliarden (!) Autos. Und die weltweite Nachfrage nach Autos wie auch nach allen anderen Produkten steigt in den wirtschaftswachsenden Schwellenländern rasant weiter und wird – wie bei uns auch – befriedigt.

Die auf Energieeinsparungen reduzierte öffentliche Sichtweise findet man in sehr vielen Bereichen, so auch im Gebäudesektor, der mit zahlreichen neuen Produkten – massenhaften Dämmmaterialien, häufig aus klimaschädlichen Kunststoffen/Erdöl – ebenfalls staatlich gefördert rasant wächst. Gleichzeitig entstehen weitere neue große Energieverbräuche, wie zum Beispiel das gerade in den einsameren Coronazeiten rasant gewachsene Film-/Videostreaming über Handy, Tablet, Computer, Heimkino & Co. Dies verursachte weltweit bereits 2018 so viel CO_2 wie das gesamte Land Spanien. Hierzu im Weiteren mehr.

In den verschiedenen Produktbereichen verbergen sich sehr viele häufig nicht ausreichend bekannte oder zu wenig berücksichtigte wirkungsvolle Alternativen für den Natur- und Klimaschutz, die auch den Unternehmen große Vorteile bringen, wenn sie den weltweiten Markttrends zum naturschonenden Wirtschaften und seinen immer nachfragestärkeren Wettbewerbsvorteilen folgen. Es geht darum, in unserem Wirtschaftssystem die verschiedenen Märkte mit besseren Produkten weiterzuentwickeln. Und hier können Unternehmen und jede*r Einzelne ihre/seine Beiträge leisten und gemeinsam gewinnen.

Naturschonend wirtschaften

Wertschöpfung und Wohlstand entstehen weltweit durch Unternehmen. Unternehmen stellen im äußerst feingliedrigen Wirtschaftssystem Produkte für den Bedarf der Menschen her. Noch einmal der hier stets geltende Zusammenhang: Jedes Produkt und alle menschlich hergestellten Objekte bestehen aus Material, das in der Natur gefördert wurde – jeweils mit mehr oder weniger Kollateralschäden für die Natur. Alle Produkte zusammen sowie die für ihre Naturmaterialförderung, ihre Herstellung, ihren Transport, ihren Betrieb und ihr Recycling eingesetzten Energien verursachen maßgeblich die menschliche Klimaerwärmung. Jedes einzelne Produkt ist also ursächlich für das Maß unseres Naturverbrauchs.

Ein Fünfjähriger würde nun einfach fordern: Macht doch bitte die Produkte umweltfreundlich! Die EU gibt mit ihrem Green Deal, ihrer Nachhaltigkeitsstrategie und deren Umsetzungen in verschiedenen Branchen, einen Weg vor. Dabei orientiert sich dieser Weg der Weiterentwicklung der gesamten Wirtschaft auch immer am politisch Machbaren und an dem, was bekannte Lösungen vorzeichnen. Demokratisch maßgeblich für den gesamten notwendigen Fortschritt unserer Art des Wirtschaftens ist die Bekanntheit der Naturbedingungen und des Naturwissens bei Unternehmen und in der Bevölkerung. Dies sind die Voraussetzungen dafür, dass naturschonende Produkte von uns Konsument*innen nachgefragt und von unseren Unternehmen hergestellt werden.

Der finanzielle Vorteil dieser Weiterentwicklung für jedes Unternehmen liegt in dem immer stärkeren Wettbewerbsvorteil. Denn jede*r weiß vom ökologischen Zustand oder spürt ihn, und jede*r ist immer mehr bereit, naturschonende, schöne und gesunde Produkte bei seinem Konsum vorzuziehen. Nicht nur ein Babynahrungshersteller (Hipp), ein Brauereikonzern (Krombacher) oder eine Drogeriemarktkette (dm) wurden mit einer Nachhaltigkeitsstrategie Marktführer. Immer mehr Vorbilder – so etwa das verkaufsfördernde Produktattribut »bio« – belegen, dass es sich lohnt, sich über die Grenzen der gesetzlichen Nachhaltigkeitsauflagen hinaus weiterzuentwickeln und damit Kunden wahrhaftig zu begeistern. Im Feld Nachhaltigkeit ist ein neuer Wettbewerb gestartet, den die Mutigen gewinnen. Es sind die für die Natur und auch für die Gesundheit gern nachgefragten Mehrwerte, die Produkte weltweit im Wettbewerb beflügeln.

Häufig wird noch eingewendet, dass nachhaltige Produkte teurer seien. Dabei kann über höhere oder geringere Preise naturschonender Produkte keine generelle Aussage getroffen werden. Erneuerbare Energien (Sonne, Wind, Wasserkraft) sind dauerhaft viel günstiger als die Förderung und Verbrennung von Gas, Öl und Kohle (man denke an die »Ewigkeitskosten« des Steinkohlebergbaus) oder die Produktion von Atomstrom, die eine jahrtausendelange Atommülllagerung nach sich zieht. Lediglich die Erstumstellungskosten von konventionell auf zukunftsfähig fallen an. Nahrungsmittel des biologischen Pflanzenanbaus sind heute noch durchschnittlich teurer als konventionell angebaute Pflanzen. Auch auf dem konventionellen Nahrungsmittelmarkt wird es wegen der katastrophalen ökologischen Daten zu einer Modernisierung, das heißt Renaturierung, kommen müssen, wenn wir eine weltweite Ernährungssicherheit, Gesundheit und Klimaschutz durch funktionierende Böden weiterhin sicherstellen wollen (dazu mehr im Kapitel »Boden – unsere Lebensgrundlage«). Auch hier werden sich die Preise relativieren, wenn sich die notwendigen Fortschritte bei möglichst allen Herstellern einstellen. Wie in diesen beiden beispielhaften Branchen gilt es, künftig in sämtlichen Produktbereichen die Naturbedingungen anzulegen und das entsprechende Naturwissen für Innovationen zu etablieren, um sie naturschonender – und einfach noch besser wie auch wettbewerbsfähiger – machen zu können.

Die Frage ist eher: Aus welchen Gründen sollte es überhaupt teurer werden, naturschonender zu wirtschaften? Unter dem Strich müssten wir künftig sicher von historischen Kostenexplosionen reden, wenn wir konventionell so weitermachen und unsere Lebensgrundlagen – die Natur – verspielen.

Der Besitzer einer Solaranlage hingegen muss nicht – weil konventionell viel teurer – dauerhaft Öl, Gas oder Kohle zum Wärmen seines Hauses kaufen. Sonnenenergie kostet kein Geld. Die Anschaffung zum Beispiel einer Photovoltaikanlage rechnet sich für den Besitzer per se in der Nutzungszeit, und es fallen maßgeblich weniger Naturschäden und damit verbundene Kollateralkosten an. Generell könnten bei vielen Erstumstellungen auf bessere, naturschonende Verfahren die Anschaffungskosten über staatliche Subventionen und/oder auch privatwirtschaftliche Green Bonds, Kredite oder ähnliche Finanzierungen über einen längeren Zeitraum verteilt werden. Hiermit würde man die gegenüber naturschädlichen Verfahren auch bessere/effektivere Wirtschaftlichkeit deutlich machen und nicht über unrichtig dargestellte »Kostenexplosionen durch den Klima- und Naturschutz« die Öffentlichkeit verwirren und eine grundlegende Bewusstseins- und Nachfrageentwicklung blockieren.

Nicht »Verzicht«, nicht »Kosten«, nicht »Bangen um technische Lösungen irgendwann« – die gemeinsamen, besseren Lösungen warten an vielen Orten unseres Wirtschaftssystems. Nennen wir es einfach »naturschonend Wirtschaften«.

Natur ist unverzichtbar. Naturschonung ist nicht Verzichten, vielmehr dürfen Produkte und unser Lifestyle die Natur nicht vernichten! Naturschutz ist keine Haltung, sondern Antrieb für die Verbesserung unseres Wirtschaftens durch Priorisierung von weniger Verbrennung/CO_2, weniger Plastik/Erdöl und weniger Bodenverbrauch. Wieder mehr Natur zulassen für mehr Regeneration, für mehr CO_2-Bindung und Photosynthese durch Pflanzen in der Natur sowie schlicht für ein besseres Leben. Es gilt viel mehr, von der Natur zu lernen, bessere Produkte zu designen und sie mit besser geeigneten Materialien herzustellen. In der Natur ist alles über die Jahrtausende der Evolution in Perfektion und sogar Schönheit an die Umwelt angepasst. Reine Naturmaterialien sind generell schöner und edler, in ihren Herstellungsprozessen naturschonender, recycelbar und gesünder. Generell ist dies keine Frage von Zusatzkosten, sondern eine Wissensfrage, die erst die alternativen Kosten und ihre Marktveränderungen klären können! Es zählt jetzt der neue, entscheidende Wettbewerbsfaktor Naturschonung. Die Markterfolge werden den wahrhaft fortschrittlichen Unternehmen gehören.

Besser und gesünder leben

Es ging uns recht gut in der Normalität. Aber diese Normalität schädigt den Planeten rasant – und damit auch uns. Alle schauen zu und verstehen nicht einmal, was sie anrichten. Was wollen sie nun tun?

Die Natur ist das Schönste und Voraussetzung für alles, was wir kennen. Doch die meisten nehmen in ihrem Alltag die weltweit schwindende Natur kaum mehr wahr. Wir alle leben in der Normalität unseres konventionellen Wirtschaftens und Lifestyles, in unserem Alltag mit seinen Gewohnheiten, in dem Naturschäden als normale Kollateralschäden stillschweigend akzeptiert werden. »Ich als kleines Rädchen kann ja eh nichts ausrichten.«

Dabei ist die Natur, wie sie ist: Sie wehrt sich nicht, sondern sie stirbt einfach immer mehr. Immer mehr Boden wird verbraucht, natürliche Wälder werden immer noch abgeholzt oder verbrannt, immer mehr Tier- und Pflanzenarten sterben aus, und wir vermüllen die Natur weiter und heizen das Klima immer weiter an. Weltweit normal und katastrophal. Fakten, Hintergründe und Lösungen hierzu folgen in den nächsten Kapiteln.

Niemand möchte so viel Naturverbrauch. Aber alle haben diese Praxis im bisherigen, konventionellen Wirtschafts- und Wohlstandswachstum zugelassen und erkennen jetzt, dass diese Art des Wirtschaftens im Ökosystem nicht mehr funktioniert, denn wir vernichten unsere Lebensgrundlagen wie auch die Naturmaterialien als Produktressourcen. Bei der Vielzahl der täglichen konventionell-wirtschaftlichen Einzelentscheidungen ringen bisher am stärksten die konventionellen Lobbys um das Natur- und Gemeinwohl: häufig wenige mit finanziell gut ausgestatteten, konventionell-wirtschaftlichen Einzelinteressen des betreffenden Produktes auf der einen und wenige gemeinwohl- und naturschützende Menschen auf der anderen Seite, häufig nicht so professionell organisiert und finanziell schlechter ausgestattet. Aber alle brauchen dringend bessere Lösungen.

Struktur dieses Buches

Echter Naturschutz fängt mit dem Wissen um Zusammenhänge an. Dieses Buch liefert einen Schlüsselbeitrag und soll eine multilaterale, öffentliche Diskussion unterstützen, mehr Licht in unsere Normalität zu bringen. Es erklärt die relevanten Zusammenhänge der Auswirkungen unserer Art des Wirtschaftens, unseres Konsums und unseres Sparens für die Natur, denn hier liegen die Ursachen sowie die wirkungsvollen Lösungen verborgen, die jede*r Einzelne und alle gemeinsam umsetzen können. Diese Transparenz und Lösungsangebote werden in den folgenden Kapiteln systematisch aufbaut:

- »Unsere Klima- und Erderwärmung« ist die größte Bedrohung für das gesamte Ökosystem und für uns selbst. Hier wird verständlich gemacht: Was sind die Ursachen, und wie können wir das Klima und die Natur schützen?
- Im Kapitel »Boden – unsere Lebensgrundlage« wird gezeigt, wie wir das Ökosystem der Böden – unbemerkt von der Öffentlichkeit – weltweit immer mehr verlieren. Wie schützen wir die Böden für die Ernährung der wachsenden Weltbevölkerung, für Wasser, Recycling, Medizin, Gesundheit, für innovative Naturmaterialien und als Klimabewahrer?
- 150 Millionen Tonnen Plastik schwimmen bereits in den Meeren. »Unsere Plastikflut« zeigt den ganz normalen Weg des Erdölprodukts: Materialbestandteile, Auswirkungen auf Gesundheit und Natur, fehlendes Recycling und nahezu überall immer mehr Vermüllung und Ablagerung.
- Ohne das notwendige Wissen ist es in unserer Normalität wahrlich eine »Kunst, möglichst wenig Abfall zu produzieren«. In diesem Kapitel erhältst du sinnvolle Lösungsempfehlungen, selbst Müll einzusparen und gleichzeitig dein Leben wertvoller und gesünder zu machen.

- »Geld regiert die Welt.« Weißt du, was dein Finanzinstitut mit deinem Geld macht? Hier steckt der größte Nachhaltigkeitshebel jedes*r Einzelnen für den Naturschutz. In »Unser Geld« wird erklärt, wie du mit deinem Sparen, Investieren und mit deiner Versicherung am stärksten Naturschutz betreibst und wie die EU ihre Nachhaltigkeitsstrategie erweitern könnte.
- Einen wesentlichen, bislang fehlenden Antrieb für eine nachhaltige Gesellschaftsentwicklung könnte die »Ökologische Weiterentwicklung unseres Rechtssystems« leisten: Neben den sozialen und ökonomischen Systemen könnte auch die Natur (bzw. unsere Verantwortung) mit Grundrechten ausgestattet werden.

Zu allen Themengebieten werden wirksame Lösungsvorschläge gegeben – als Verbesserungsangebote für jede*n Einzelne*n wie gleichzeitig für die gesamte Gesellschaft. Diese Lösungen wirken in unserer Gesellschaft und Wirtschaft systemisch, das heißt, sie setzen an der Ursache der Naturschädigungen an: Sie verbessern unsere Art des Wirtschaftens. Damit bieten sie jeder*m die maximale Kraft für den Naturschutz, denn jedes Produkt, das naturschonender, das heißt mit weniger Naturmaterial, hergestellt wird, gibt der Natur wieder mehr Raum zurück, und es ist gesünder und schöner. Je mehr Menschen dies wissen, desto schneller wird diese Transformation bei allen Produkten erfolgen.

Quellenangaben

Bundesregierung Deutschland (2023): Klimaschutzgesetz und Klimaschutzprogramm, https://www.bundesregierung.de/breg-de/suche/klimaschutzgesetz-2197410, abgerufen am 17.06.2023.

Unsere Klima- und Erderwärmung

Ein Schuljunge hat den Planeten, auf dem er lebt, angezündet. Er schaut zu und versteht nicht einmal, was er angerichtet hat. Was soll er nun tun?

Herausforderung

Der weltweite Temperaturanstieg hatte im Jahr 2015 über den Landflächen bereits 1,53 Grad erreicht. Unter Berücksichtigung der sich langsamer erwärmenden Meeresflächen lag das globale durchschnittliche Temperaturplus 2015 gegenüber der vorindustriellen Zeit bei knapp 0,9 Grad (IPCC 2019). Die Biosphäre hat 2017 den durchschnittlichen Erwärmungswert von 1 Grad bereits überschritten (IPCC 2018) und 2021 bereits 1,2 Grad erreicht. Die Tendenz ist deutlich: Die Erderwärmung steigt bisher ungebremst und derzeit sogar immer schneller weiter.

Am Südpol herrschten Anfang 2020 erstmalig über 20 Grad (plus!) (FAZ 2020). Wir kennen die ersten Erwärmungswirkungen, und wir wissen von den ersten Kipppunkten im Ökosystem Erde, nach denen die Entwicklungen mit sprunghafter Geschwindigkeit katastrophaler werden. Massive Flüchtlingsströme von Menschen aus unbewohnbar werdenden Regionen werden prognostiziert. Artenverluste und fremde, invasive Tier- und Pflanzenarten erleben wir schon heute in vielen Erdteilen, mit unbekannten Folgewirkungen auf das Ökosystem.

Die Temperaturerhöhung ist nicht der einzige Einflussfaktor. Sie stammt im Cocktail mit anderen Einflüssen von uns Menschen. Zusätzlich verdrängen wir durch die weltweit wachsende Landnutzung Tiere und Pflanzen. Das bereits beispiellose Tier- und Pflanzenartenaussterben betreiben wir weiter. Jede Art war einzigartig in Schönheit und Funktion für das biologische System. Die Biosphäre verliert ihre Resilienz und ihre Leben schenkende Kraft immer mehr. Wälder und Böden mit ihrer wichtigen Funktion für den Abbau der Treibhausgase in der Luft werden weiter zunehmend verbraucht. Weltweit werden nach wie vor vielerorts großräumig Wälder CO_2-wirksam verbrannt, um sie »landwirtschaftlich nutzbar« zu machen oder um sie noch weiter mit Beton und Asphalt zu versiegeln.

Es ist einfach zu viel: Wir verbrennen zu viel, und wir nehmen der Natur zu viel Raum. Damit vernichten wir Natur und bringen sogar das Ökosystem aus dem Gleichgewicht, das für uns verursachende Menschen aber so lebenswichtig ist wie für alle anderen Lebewesen auch. Bereits kleine klimatische Änderungen haben im Ökosystem große Wirkungen. Das wird im Folgenden gezeigt.

Johan Rockström, Direktor des Potsdam-Instituts für Klimafolgenforschung, warnte im November 2021 die Vertreter des Weltklimagipfels in Glasgow eindringlich, dass wir mit der derzeit von der UN-Klimaagentur prognostizierten Temperaturerhöhung um 2,7 Grad Celsius unbekanntes Terrain betreten würden. »Wir würden auf einem anderen Planeten leben als heute, mit einer zunehmenden Häufigkeit von Extremereignissen wie Dürren, Überschwemmungen, Hitze usw. In diesem Szenario würden in Jahrzehnten 3,5 Milliarden Menschen in Regionen leben, deren Durchschnittstemperatur 1. ein Risiko für ihre Gesundheit darstellt und 2. ihnen die Möglichkeit der Ernährung weitgehend raubt. Wir würden praktisch auf einem zerstörten Planeten leben. Um es klar zu sagen: Man will dort nicht hin.« (3sat/Scobel 2021)

Bei ebendieser derzeit offiziell prognostizierten Temperaturerhöhung um 2,7 Grad wäre die Erde in vielen Gebieten, wo heute die Hälfte der Menschheit lebt, nicht mehr bewohnbar – sofern wir keine weiteren Maßnahmen gegen die Klimaerwärmung umsetzen.

Gute Lösungen brauchen das Wissen um Zusammenhänge – gerade bei diesen bedrohlichsten Entwicklungen.

Was ist Klima?

Der physikalische Zustand in der Atmosphäre wird durch ein System verschiedener Wechselwirkungen bestimmt. Die Atmosphäre mit ihrem Luft-/Gasgemisch (vor allem Sauerstoff, Kohlendioxid [CO_2] und Methan) beeinflusst alles Leben auf der Erde. Nur in den ersten 10 bis 15 Kilometern Höhe findet das Klima statt: das typische Zusammenspiel von Luftdruck, Temperatur, Luftfeuchte und Wind in den Jahresverläufen. Diese Schicht ist weit dünner als 1 Prozent des Erdradius (6378 Kilometer). Die gesamte Luftmasse der Erdatmosphäre beträgt circa ein Millionstel der Erdmasse.

Wir sind es gewöhnt, horizontal zu sehen, und haben sogar die Bildbreite unserer TV-Geräte an dieses Blickfeld angepasst. Neigen wir aber unseren Kopf und damit unseren Blick um 90 Grad, sehen wir anders. Dann sehen wir, dass die Luftschicht zwischen dem Boden und dem All dünn ist. Und diese dünne Luftschicht, in der sämtliches Leben stattfindet, das wir kennen, reagiert empfindlich auf Störungen.

Der Begriff Klima beschreibt die typischen jährlichen Abläufe des Wetters für die verschiedenen Erdregionen: In Europa verläuft das Klima in den hier typischen vier Jahreszeiten, in Südostasien gibt es Trocken- und Regenzeiten. Die Klimazonen auf der Erde sind sehr unterschiedlich eingerichtet. Für das jeweilige regionale Klima ist die Intensität der Sonneneinstrahlung bestimmend. Je näher eine Region an der senkrechten Sonneneinstrahlung des Äquators liegt, desto heißer ist es dort. Nach diesem Einflussfaktor wurde das Klima benannt – das ursprüngliche griechische Wort bedeutet »Neigung« und meint den wärmeverursachenden Neigungswinkel der Sonne.

In den »gemäßigten« Klimazonen liegen Europa, Nordamerika und Zentralasien. Hier herrschen für Menschen paradiesische Zustände, verglichen mit den sehr heißen Klimazonen am Äquator und den sehr kalten Polen. Es erklärt sich von selbst, dass die Menschen hier wirtschaftlich am stärksten werden konnten.

Das Ökosystem ist komplett austariert. Auf dem ganzen Planeten ist die gesamte Biosphäre in Perfektion und Schönheit an die herrschenden Bedingungen angepasst. Auch die naturgegebenen Mengen an Treibhausgasen in der Atmosphäre haben über die vergangenen Jahrtausende zum heutigen Gleichgewicht geführt, an das alle Lebewesen der Erde angepasst sind, auch wir Menschen. Die massiven zusätzlichen CO_2-Emissionen und der Naturverlust, die durch unsere Art des Wirtschaftens und unser Bevölkerungswachstum entstehen, verändern das Ökosystem und können bei ungebremster Erderwärmung zu für uns Menschen tödlichen Entwicklungen führen. Das Ökosystem reagiert empfindlich auf Störungen des CO_2-Kreislaufes.

Klima im Ökosystem – Schönheit und Verletzlichkeit

Wir Menschen haben mit 1 Grad Temperaturerhöhung bereits Fieber! Bereits kleine Änderungen in der Biosphäre haben schwerwiegende Folgen.

Es ist für uns heute egal, wie die Klimaentwicklungen vor Millionen Jahren waren. Uns Menschen gibt es erst seit 300 000 Jahren, und die gesamte Biosphäre ist perfekt an die klimatischen Bedingungen angepasst. Die gesamte Biomasse – Pflanzen, Tiere und Menschen – hat sich in der gesamten Evolution auf diese Naturbedingungen spezialisiert. Das gegenwärtige Klima herrscht auf der Erde seit 11 000 Jahren. Aber unsere durch die Industrialisierung bedingten, weiter wachsenden Emissionen von Treibhausgasen in die Atmosphäre befeuern seit über 150 Jahren die Temperaturen und stören das empfindliche Klima- und Ökosystem.

Wie der jährliche Anstieg des Meeresspiegels in Zentimetern ist auch die Erwärmung der globalen Temperatur in Grad Celsius relativ einfach messbar. Anfang 2021 betrug die Erhöhung der durchschnittlichen Temperatur bereits 1,2 Grad im Vergleich zur vorindustriellen Zeit. Die 20 wärmsten je gemessenen Jahre lagen in den letzten 22 Jahren.

Jeder kennt die ersten Bilder der Folgen dieser Veränderungen des Ökosystems: Auf den Fidschi-Inseln steht eine Mutter mit ihrem Säugling vor ihrem zerstörten Palmenhaus, das wegen des dort bereits gestiegenen Meeresspiegels von einer Sturmflut weggerissen wurde. Ihre Vorfahren haben dort gelebt. Verzweifelt bittet sie vor der laufenden Kamera die weit entfernt lebenden industrialisierten Verursacher, diese klimaschädlichen Praktiken einzustellen.

Solche nur auf den ersten Blick kleinen Veränderungen wie dieser erste Anstieg des Meeresspiegels haben im Ökosystem große Folgen. Und leider kommt der Klimawandel nicht allein, sondern im Cocktail mit anderen Ursachen wie der Verdrängung der Biodiversität durch die weltweite Flächennutzung und die Emission von Schadstoffen in die Natur.

Die untere Stufe der Nahrungskette ist ein deutlicher Indikator für das Funktionieren des Ökosystems: Insekten als Grundnahrung für alle größeren Tiere. Nach den repräsentativsten vorliegenden Daten gibt es beispielsweise im Vergleich zu 1985 nur noch 25 Prozent (!) der Fluginsektenanzahl in

Deutschland (BMUV 2023). Etwas ältere Menschen können sich noch daran erinnern, wie viele Insekten im Sommer an den Autowindschutzscheiben klebten. Allein bei den Insekten, von denen es schätzungsweise 5,5 Millionen Arten gibt, sind 10 Prozent vom Aussterben bedroht (Süddeutsche Zeitung/ Weltbiodiversitätsrat IPBES 2021). Einige davon haben wir nicht einmal richtig kennengelernt. Von den insgesamt nur 147 500 erfassten Tier- und Pflanzenarten der sogenannten Roten Liste werden fast 41 500 als bedroht eingestuft – mehr Arten als jemals zuvor! (WWF/Weltnaturschutzorganisation IUCN 2022)

Jede komplett getötete Tier- und Pflanzenart war einzigartig und hinterlässt eine Lücke im Ökosystem. Wir töten immer größere Teile der Biodiversität als Teile des Ökosystems. Die Wissenschaft kann die weltweiten, schnellen und massiven Änderungen der Ökosysteme durch Naturschädigungen kaum nachverfolgen. Gibt es eigentlich Schlimmeres?

Ein aktuelles Beispiel der »prominenten Tierarten unter den Publikumslieblingen«: Bei einer lediglich geringfügigen Temperaturerhöhung der Laichstrände von Meeresschildkröten werden nur die weiblichen Tiere vom warmen Strandsand ausgebrütet. Die Temperatur der Eier bestimmt das Geschlecht der Tiere. Die Mütter legen die Eier im Strandsand ab. Die etwas tiefer eingegrabenen Eier haben (bisher!) eine etwas geringere Temperatur, aus ihnen entstehen die männlichen Meeresschildkröten. Durch die Klimaerwärmung wird der Strandsand wärmer. Bei einer nur geringfügigen Temperaturerhöhung werden Meeresschildkröten wohl auch aussterben, weil dann keine männlichen Tiere mehr vom tieferen, kühleren Sand ausgebrütet werden können. Nur dank unserer Filmarchive werden unsere Kinder dann noch jubeln können, wenn sie sehen, dass es einige der gerade geschlüpften, kleinen Meeresschildkröten auf ihrem ersten gefährlichen Weg an den Fressfeinden vorbei ins Meer geschafft haben. Damals.

In der Erdgeschichte hat es immer wieder Temperaturerhöhungen gegeben. Aus den Ablagerungen in Gesteinsschichten und Eisbohrkernen sind die Entwicklungen bekannt. In den vergangenen 800 000 Jahren jedoch hat es keine höhere CO_2-Konzentration in der Atmosphäre gegeben als heute, und wir treiben sie weiter an. Das heißt, wir stehen heute am Anfang einer katastrophalen Entwicklung, die mit unserem business as usual einen immer schnelleren, lebensvernichtenden Verlauf nimmt, wenn nicht gegengesteuert wird. Hier nun die kausalen Zusammenhänge des Naturwissens.

Golfstrom – Klimabewahrer für Europa

Auf der Erde lebt und wirkt alles gemeinsam im Ökosystem. Die Meere spielen für die klimatischen Bedingungen eine sehr große Rolle. So strömen aus dem Pazifik Wassermengen durch die Beringstraße in den Arktischen Ozean, durch den Atlantik nach Europa und in die Nordmeere – ein globaler Austausch gewaltiger Wassermassen im Miteinander. Im Ökosystem herrscht ein Geflecht von Ozeanströmungen, das auch das Klima maßgeblich prägt. Ozeane sind die größten Wärmespeicher der Biosphäre. Ihre Strömungen sind die größten Verteiler von Wärme auf der Erde.

Einer dieser gigantischen Klimabewahrer für Europa ist der Golfstrom. Schon seit 3 Millionen Jahren schlängelt sich diese Strömung mit warmem Wasser aus dem Süden aus dem Golf von Mexiko durch den Atlantik nach Nordeuropa bis in die Arktis. In Europa geben die gewaltigen Wassermassen ihre Wärme aus Südamerika an den Kontinent ab. Dabei erhöhen sie die Durchschnittstemperaturen um 10 Grad. Nur durch den Golfstrom wurde aus der Eiswüste Europa der grüne, paradiesische Kontinent, der er heute ist: milder als andere Regionen gleicher geografischer Breite.

Das System der weltweiten Meeresströmungen ist das »globale Förderband«. Hierbei handelt es sich um die große Meeresströmung, die vier der fünf Ozeane in einem globalen Kreislauf miteinander vereint.

Auch für Europa hat das Förderband einen lebensbestimmenden Einfluss. Es nimmt am Äquator Wärme auf und transportiert sie nach Norden. Im Atlantik trifft es auf den Golfstrom, der hier von seiner langen Reise schon etwas abgeschwächt ist. Der Golfstrom fließt weiter nach Norden und gibt seine Wärme an die Umgebung ab, bis er die Arktis erreicht. Dort ist er bereits abgekühlt und viel salziger als das dort umgebende Wasser, denn während der langen Reise als Oberflächenwasser verdunstet viel Wasser, und es bleibt ein hoher Salzgehalt zurück. Das nun salzige und kühlere Wasser wird dichter und schwerer und sinkt bis zur Arktis zum Meeresboden ab. Über einen Unterwasserfall bei Island – es ist der größte Wasserfall, den es im Unterwasser der Meere der Erde gibt – rutscht dieses nährstoffreiche Wasser weiter in die Tiefsee der Arktis. Die Polarregion erhält damit einen hohen Sauerstoffgehalt und einen Nährstoffreichtum mit viel Plankton als Nahrung für zahlreiche Meeressäuger, Fische und Vögel. Das Nordmeer unter dem Eis ist damit eines der fruchtbarsten Gebiete der Erde.

In einem ständigen Kreislauf fließt das Wasser und hält das Ökosystem und das Klima als Teilsystem stabil. Die Meeresströmungen sind Voraussetzungen für die Welt, wie wir sie kennen und wie wir sie brauchen.

Pazifischer Südostpassat und El Niño – Klimabewahrer für Südamerika und Südostasien

In den meisten Jahren weht in den Küstenregionen Perus am Äquator im Pazifik der Südostpassat von Südosten nach Westen. Er treibt das kühle Oberflächenwasser von der südamerikanischen Küste nach Westen. Im Ostpazifik liegen die Wasseroberflächentemperaturen bei etwa 20 Grad, während der Westpazifik Werte um 30 Grad erreicht. Auf seinem Weg entlang des Äquators wird das Wasser von der Sonne aufgewärmt. In Indonesien verdunstet es zu einem Tief und verregnet in den dort üblichen Monsun-Starkregen. Die Biosphäre in Indonesien ist an dieses feuchtwarme Klima angepasst, sie ist auf die starken Regenfälle angewiesen. Von Indonesien fließt das an Land wieder erkaltete Wasser zurück ins Meer und durch tiefere Wasserschichten in die Gegenrichtung wieder zurück nach Peru. Vor Peru steigt dieses kalte Wasser mit einem großen Reichtum an gesammelten Nährstoffen aus der Tiefe wieder auf und ernährt dort riesige Fischschwärme. Dieser große Wasser- und Wärmekreislauf speist die beiden Kontinente Asien und Südamerika regelmäßig mit Wärme, Wasser und Nährstoffen.

In der Vergangenheit durchbrach das Klimaphänomen El Niño diesen Kreislauf durchschnittlich alle sieben Jahre, gewöhnlich zu Weihnachten. Dabei setzt der Südostpassatwind aus, und das Oberflächenwasser treibt sogar zurück – mit dramatischen Folgen. Vor Südamerika steigt kein kühles Meerwasser mehr auf, und die Nahrung für die Lebewesen dort bleibt aus. Das Wasser erwärmt sich und verdunstet. Tiefs entstehen, und es kommt in Südamerika zu den Starkregen, die sonst in Indonesien niedergehen. In Südamerika ist die Biosphäre an diese Niederschläge nicht angepasst. Einige der Folgen dort sind Überflutungen und Erdrutsche, Missernten, Mückenplagen und Malaria.

Nun fehlt der Regen in Indonesien und anderen Teilen Asiens, was ebenfalls dramatische Auswirkungen in der dortigen Biosphäre hat: Trockenheit, Dürren, Wald- und Buschbrände und Ernteausfälle. Auch in den an den Südostpassat angrenzenden Kontinenten Afrika und Australien führen die Änderungen zu unerwarteten Dürren an sonst fruchtbaren Orten und zu sintflutartigen Regenfällen in Trockengebieten, deren Böden nicht an die sintflutartige Wasseraufnahme angepasst sind. Dies hat gravierende Auswirkungen auf die Natur und verursacht Hungersnöte, Zerstörung von Infrastruktur und Krankheiten.

Damit nicht genug. Auf das Wetterphänomen El Niño folgt in der Regel La Niña als Gegenbewegung. Durch die entstandenen überdurchschnittlich hohen Luftdruckunterschiede zwischen Südamerika und Indonesien sorgt La Niña für den Rückfall ins Gleichgewicht, aber viel stärker: Vor der Küste Perus strömt wesentlich mehr kaltes Wasser aus der Tiefe nach oben, sodass die Wassertemperatur um bis zu 3 Grad absinkt – häufig ebenfalls mit zerstörerischen Klimafolgen für die Lebewesen.

Bereits die Inkas kannten das Phänomen El Niño. Es trat in der Vergangenheit alle sieben Jahre auf. In letzter Zeit jedoch verkürzen sich diese Abstände aufgrund der Erderwärmung bereits auf drei bis vier Jahre, und die Auswirkungen werden immer heftiger. Es wird prognostiziert, dass sich diese Entwicklung fortsetzen wird, weil wir die Temperatur noch weiter erhöhen. Dann wird sich das global wirksame Klimamuster dauerhaft ändern – mit Folgen, die wir kaum vorausberechnen oder erahnen können. Weltweit würden sich Lebensräume stark verändern, weil das Ökosystem regional an unterschiedliche, bisher bekannte klimatische Verhältnisse angepasst ist. Eigentlich sind diese Folgen unserer Art des Wirtschaftens bekannt.

Pole schmelzen – Erlahmung der klimasichernden Meeresströmungen

Auch das Abschmelzen des Eises im Ökosystem der Erde ist eine der direkt sichtbaren Folgen der Erderwärmung. Die Alpen haben im Vergleich zu 1850 bereits über 50 Prozent ihrer Eismasse verloren (Zemp 2006). Dieses immer schnellere Abschmelzen der Gletscher lässt den Meeresspiegel ansteigen. Ungleich stärker steigt der Meeresspiegel durch das immer schnellere Abschmelzen des Eises am Nord- und Südpol an, wo die durchschnittliche

Temperaturerhöhung im Vergleich zur Zeit vor der Industrialisierung bereits 3 bis 4 Grad Celsius beträgt.

An den Polen erhöhen wir die Temperaturen noch deutlich schneller als bei uns. Wir kennen die bekannten Bilder der Eisbären am Nordpol, die immer mehr von ihrem Lebensraum verlieren und in die menschlichen Siedlungen vordringen. In den Medien betrachten wir jedoch vordringlich nur den globalen Anstieg des Meeresspiegels und den Trend zu großen Überflutungen großer Landmassen, zunächst in Ländern, die wenig über dem Meeresspiegel liegen. Wir bereiten uns bereits weltweit mit Deichen, Schutzmauern, Wasserauffangbereichen und künstlichen Meeresinseln auf diese Bedrohung vor. Doch bei diesen Symptomanpassungen berücksichtigen wir nicht, welche ungleich katastrophaleren Wirkungen mit der Änderung der Meeresströmungen und den Auswirkungen auf die Arktis verbunden sind.

Da immense Eismassen des grönländischen Eispanzers schmelzen, strömt bereits heute Süßwasser in gewaltigen Mengen ins Nordmeer. Hierdurch wird das salzhaltige Meerwasser verdünnt und erwärmt und wirkt bremsend auf das dortige Absinken des Golfstroms in die nordische Tiefsee. Sollte die Erderwärmung immer weiter ansteigen und damit das Eis in Grönland noch schneller schmelzen, so ist eine Erlahmung der Zirkulation des Golfstromes zu erwarten!

Im Vergleich zu anderen Klimazonen wird das Wasser an den Polen bereits überdurchschnittlich stark erwärmt. Die durchschnittlichen Temperaturen in der Arktis sind in den letzten 100 Jahren fast doppelt so schnell gestiegen wie im globalen Mittel. Je mehr arktisches Eis wir schmelzen lassen, desto schneller erlahmt der Golfstrom. Würde der Golfstrom ausbleiben, so würde Europa wieder vereisen! Das Erlahmen des Golfstromes wirkt ebenso erlahmend auf das globale Förderband. Die katastrophalen Auswirkungen weiter steigender Temperaturen auf das globale Förderband und damit auf das gesamte Ökosystem sind bis heute nicht konkret voraussehbar (Potsdam-Institut 2015). Die Wissenschaft kommt bei den schnellen Entwicklungen nicht hinterher.

Klimatologen erwarten »in der Nordpolar-Region auch künftig eine besonders starke Erwärmung. Das arktische Meereis wird weiter abnehmen. Einige Klimamodelle kommen gemäß 4. Sachstandsbericht des IPCC (Klimarat der Vereinten Nationen) zu dem Resultat, dass das Meereis in der zweiten Hälfte des 21. Jahrhunderts im Spätsommer fast vollständig verschwindet. Da die

Modelle den gegenwärtig in der Arktis beobachteten Eisrückgang unterschätzen, könnte der Kipp-Punkt für eine sommerliche eisfreie Arktis sehr nah oder sogar bereits überschritten sein.« (Umweltbundesamt Deutschland 2008 [!])

Doppelte Erwärmung durch Verlust des arktischen Eises

Das Abschmelzen des arktischen Eises hat über die erlahmende Wirkung für den Golfstrom hinaus eine zweite Wirkung, die als sogenannter Kipppunkt zusätzlich zu weiteren Temperaturanstiegen führen wird, falls wir die Temperaturen weiter erhöhen. Und: Die zusätzlichen massiven Wirkungen bei Erreichen dieses Kipppunktes werden unumkehrbar sein.

Das im Gleichgewicht des Ökosystems noch existente »ewige Eis« der Arktis bedeckt eine riesige Fläche: den Nordpol, Teile von Russland, den USA, Kanada, Grönland, Lappland und Spitzbergen. Allein Grönland, die größte Insel der Erde, ist mehr als sechsmal so groß wie Deutschland. Diese riesige Eisfläche der Arktis mit ihrer Dicke von bis zu 3000 Metern reflektiert mit ihrer weißen Farbe einen großen Teil der einfallenden Sonnenstrahlung zurück ins Weltall und verhindert damit eine massive Wärmeentwicklung. Mit dem gegenwärtigen großflächigen Schmelzen des Eises gehen diese Spiegeleffekte verloren. Durch den Wechsel der reflektierenden Eisfarbe Weiß ins »Meerdunkel« des Wassers wird der Effekt ins Gegenteil verkehrt: Das Wasser fängt die Wärme der Sonneneinstrahlung direkt auf und erwärmt sich.

Das Abschmelzen des Meereises schreitet weiter voran. Mit dem Abschmelzen großer Eisflächen tritt bereits heute dieser neue, zusätzliche Effekt auf und beschleunigt die Erderwärmung weiter. Je mehr die Temperaturen steigen, desto weniger Eis kann sich in den Wintern neu bilden und desto eher wird der Kipppunkt erreicht, ab dem die Temperaturen ziemlich plötzlich überproportional zunehmen werden. Auch dies würde wiederum zu einer weiteren starken Erlahmung des Golfstroms und des globalen Förderbands führen.

Und das sind immer noch nicht alle störenden Auswirkungen, die unsere Art des Wirtschaftens im bisher perfekt austarierten Ökosystem verursacht. Auch die Erwärmung des Wassers selbst führt insgesamt zu einem höheren Volumen der Wassermasse. Durch die von uns herbeigeführte Erwärmung der riesigen Wassermassen auf dem gesamten Planeten dehnt sich das Wasser aus, was damit auch einen zusätzlichen Anstieg des globalen Meeresspiegels nach sich zieht.

»Falls diese Prozesse – größere Eismassenverluste als Zunahmen durch Schneefall – in den kommenden Jahrhunderten anhalten, rechnen die Forscher mit dem vollständigen Abschmelzen des Grönländischen Eisschildes und einem daraus folgenden Anstieg des Meeresspiegels von bis zu 7 Metern! Ohne Zweifel wäre ein derartiger Meeresspiegelanstieg mit äußerst gravierenden Auswirkungen in küstennahen Gebieten verbunden.« (Umweltbundesamt Deutschland 2008)

Versauerung und Sterben in den Ozeanen

Die Weltmeere sind der größte Speicher von Kohlenstoff. Im Ozean ist etwa 50-mal mehr Kohlendioxid gespeichert als in der Atmosphäre und 20-mal mehr als in der Biosphäre und den Böden. Gleichzeitig sind die Weltmeere die wichtigste Kohlendioxidsenke.

Insgesamt haben die Meere zwischen 1800 und 1995 etwa 48 Prozent der gesamten Kohlendioxidemissionen aus fossilen Energieträgern aufgenommen (Umweltbundesamt Deutschland 2008).

Mit der steigenden Kohlendioxidkonzentration in der Atmosphäre erhöht sich der Eintrag von Kohlendioxid in die Ozeane. Dort bildet es mit Wasser Kohlensäure und Bicarbonat und bewirkt eine Versauerung des Meerwassers. Die Versauerung ist in erster Linie eine Folge einer zu großen und zu schnellen Aufnahme des Kohlendioxids im Meer. In der Vergangenheit, als das ökologische Gleichgewicht noch intakt war, gelangte weniger Kohlendioxid ins Meer. Es sank bis in die Tiefsee, wo eine langsame Auflösung von kalkhaltigen Sedimenten der Versauerung entgegenwirkte.

Mit der beispiellosen gegenwärtigen Versauerung kommt es heute schon zu deutlichen Schäden wie der Zerstörung von Korallenriffen, die sich noch weiter verstärken werden. Auch das mit seiner Länge von 2300 Kilometern größte Korallenriff, das australische Great Barrier Reef, hat in den vergangenen 25 Jahren rund die Hälfte seiner Korallen eingebüßt (Dietzel et al. 2020). Wer das unbeschreibliche Vergnügen hatte, in den Neunzigerjahren in diesem schier von Farben und bizarrsten Lebewesen überquellenden Reichtum zu schnorcheln, der wird weinen, wenn er die toten, bleichen Korallen und öden Lebensräume heute wiedersieht.

Viele Planktongruppen, Muscheln, Schnecken und Korallen benötigen für den Aufbau ihrer Knochen und Schalen Kalk, den sie aus dem Meerwasser gewinnen. Saures Wasser verhindert die Kalkbildung und führt bei diesen Lebewesen zur Schwächung des Knochen- und Schalenaufbaus bis hin zur Knochenauflösung. Sie sterben qualvoll und lautlos. Korallenriffe, die ohnehin durch aufgewärmtes Wasser unter Stress stehen, und alle davon abhängigen Arten sind in ihrer Existenz gefährdet.

Angesichts dieser Ökosystemänderungen durch unsere Art des Wirtschaftens werden in den Medien mitunter finanzielle Schäden diskutiert, zum Beispiel ausbleibende Tourismusangebote und weniger Meereslebewesen auf unseren Tellern. Die Meereslebewesen bilden eine Haupteiweißquelle für viele Millionen Menschen. In den konventionellen Wirtschaftsberechnungen bleibt bisher weltweit unberücksichtigt, wie hoch die unbezahlbaren Schäden tatsächlich sind. Wie teuer soll das Ökosystem denn sein, wenn es für alle Lebewesen, auch für uns, tödlich wird?

Eine leider wahre Satire zum Schluss: Heute verkauft die Gartenindustrie massenweise Algenkalk. Ein scheinbar unverdächtiger Marketingbegriff, der jedoch aufhorchen lässt, denn der Anteil von Kalk in Algen ist nicht besonders hoch, oder? Algenkalk wird aus Kalkalgen produziert: Blaualgen, koralline Rotalgen, Kalkflagellaten und die kalkigen Dinoflagellaten – es gibt sie in allen Farben auf den Meeresriffen. Korallen stabilisieren Riffe und bauen sogar allein Riffstrukturen als natürlichen Küstenschutz auf. Ein kostenloses Paradies, das wir aber doch besser in unseren Gärten gebrauchen können? Hier hilft die Gartenindustrie und baut die Kalkalgen von lebenden Maërlbänken und Korallenriffen sehr effizient mit großen Staubsaugerschiffen ab. Ein hochwertiges Produkt, das in unseren heimischen Gärten massenhaft als Dünger, Bodenhilfsstoff oder zur Bekämpfung des invasiven Buchsbaumzünslers eingesetzt wird. Unwissenden Konsumenten, die mit ihrem Geld einen effizienten Beitrag zur Vernichtung der paradiesisch schönen Ökosysteme leisten, wird das als Algenkalk verkauft.

Diese industrielle Vernichtung beschleunigt zusammen mit der Versauerung der Meere das Sterben der Korallenriffe. Algenkalk ist ein ähnlich wirkungsvolles Produkt wie konventionelle Blumenerde aus Torf – wofür paradiesisch artenreiche Moorgebiete vernichtet werden (hierzu später mehr).

Dies ist die ganz normale Realität unseres konventionellen Wirtschaftens und unseres Mainstreams.

Zusätzliches Methan aus Meeresböden?

Im Meeresboden lagern Kohlenstoffmengen in Form von Methanhydraten, die in ihrer Größenordnung mit den weltweiten Kohlevorräten vergleichbar sind. Durch die Erwärmung des Klimas besteht die Gefahr, dass hieraus das Treibhausgas Methan freigesetzt wird und die Erwärmung weiter verstärkt. Dieser Prozess ist besonders gravierend, da Methan 25-mal klimaschädlicher ist als Kohlendioxid.

Methanhydrat liegt in den Ozeanen in gefrorenem Wasser eingeschlossen und bleibt im heutigen Ökosystem bei hohem Druck und niedriger Temperatur stabil dort liegen. Derartige Bedingungen herrschen am Meeresboden ab etwa 500 Meter Wassertiefe und in polaren Gebieten mit sehr niedrigen Wassertemperaturen schon ab etwa 250 Meter Tiefe. Am Meeresboden kann die Dicke der Methanhydratschicht bis zu einige Hundert Meter betragen.

Nach Schätzungen des Deutschen Wissenschaftlichen Beirates der Bundesregierung zu Globalen Umweltveränderungen (WBGU) liegen 500 bis 3000 Gigatonnen Methanhydrat in den Ozeanen. Eine vergleichbare Menge an Methan befindet sich zudem gasförmig unterhalb dieser Hydrate am Meeresgrund. Zum Vergleich: Gegenwärtig enthält die Atmosphäre 805 Gigatonnen Kohlenstoff, wobei 210 aus menschlichen Emissionen stammen (Umweltbundesamt Deutschland 2008).

Durch die von uns verursachte Erwärmung der Lufttemperatur steigt auch die Temperatur der Meeresoberfläche. Wenn diese Erwärmung im Laufe der Zeit über die Meeresströmungen auch die Tiefsee und die Methanhydratschicht erreicht, kann das Methan aus dem Meeresboden entweichen. Wo viel Methangas im Boden liegt, kann es in »Blow-outs« auch die Methanhydratschicht sprengen und schlagartig große Methanmengen zur Oberfläche hin freisetzen.

Eine Erhöhung der Meeresoberflächentemperaturen wird sich nach bisherigen Untersuchungen nur langsam – im Laufe von einigen Jahrhunderten – bis zum Meeresboden durchsetzen. Ähnlich lange wird es dauern, bis sich die Sedimentschicht am Meeresboden bis in mehrere Hundert Meter Tiefe entsprechend erwärmt. Deshalb ist das Entweichen von Methan eine langfristige zusätzliche Gefahr. Über Jahrhunderte können kontinuierlich Methanmengen freigesetzt werden, die die globale Erwärmung verstärken.

Aber auch die kurzfristige Destabilisierung von Methanhydrat ist in geringerer Meerestiefe voraussehbar. Wenn sich Meeresströmungen ändern, kann das direkte Konsequenzen für die Temperaturen am Meeresboden haben. Schwächt sich die Tiefenwasserbildung im Nordmeer weiter ab oder sinken durch das weitere Erlahmen zum Beispiel des Golfstroms weniger Kaltwassermassen auf den Meeresboden, können die Temperaturen in einigen Teilen des Nordatlantiks am Meeresboden äußerst rasch ansteigen und vorhandene Hydratvorkommen kurzfristig destabilisieren. Noch ein unumkehrbarer Klimaeffekt mit Kipppunktwirkung für das Ökosystem (Umweltbundesamt Deutschland 2008).

Vernichtung der Regenwälder – Verlust letzter unberührter Natur

Der Amazonas-Regenwald ist das größte tropische Regenwaldgebiet und zugleich auch das größte Flusseinzugsgebiet der Erde. Die Fläche des Amazonas-Regenwaldes ist etwa so groß wie die der USA und anderthalb mal so groß wie die der EU. Tropische Regenwälder überall in ihren geografischen Klimazonen beherbergen mehr als 400 Säugetierarten, 1200 verschiedene Vogelarten, 3000 Fischarten, über eine Million unterschiedliche Insektenarten und über 40 000 Pflanzenarten. Das sind etwa 10 Prozent aller Arten.

Im brasilianischen Amazonasgebiet leben auch über 400 indigene Bevölkerungsgruppen in ihrer traditionellen Lebensweise. Mit ihrem reichen, uralten Wissen dienen sie häufig als Vorbilder für ein Leben im Einklang mit der Natur.

Überall werden in unserer konventionellen Art des Wirtschaftens große Teile der Regenwälder vernichtet, so wie wir es schon vorher mit zahlreichen Wäldern auf der Erde gemacht haben. Im durchindustrialisierten Europa sind wir damit schon fertig: Es gibt nur noch 0,3 bis 0,6 Prozent naturbelassene Wälder. Alles andere sind Forst und Landwirtschaftsfläche, Infrastruktur und Siedlungen. Auch nach der Vernichtung von Regenwäldern nutzen wir die tropischen Naturflächen wirtschaftlich für Nutztierproduktion (vor allem Rinder), den Anbau von Kulturpflanzen (vor allem Soja), Gebäude- und Straßenbau und besonders für Ölförderungen.

Mit der Rodung jedes Waldes geht dessen wertvolle Kapazität zur Bindung von Kohlendioxid aus der Luft verloren. Darüber hinaus werden häufig Brandrodungen durchgeführt, wodurch zusätzlich CO_2 freigesetzt wird. Der Trend: Wird der Regenwald weiter vernichtet und schreitet die globale Erwärmung fort, werden auch die Tropen austrocknen. Sogar im Amazonas-Regenwald hat es in den letzten Jahren bereits schwere Dürren gegeben! Vor allem die Seitenarme des größten Stroms der Welt zeigten historische Tiefststände. Einige Nebenflüsse waren schon völlig ausgetrocknet. Wie bereits in immer größeren Gebieten Afrikas ist dann auch in Südamerika keine wirtschaftliche Nutzung mehr möglich.

»Eine globale Erwärmung zwischen 2 und 3 Grad Celsius, Rodungen und die intensive Ausbreitung von Straßen, Sojafeldern und Weideflächen für Rinder könnten schon bis 2050 zur Austrocknung von 40 Prozent des Amazonas-Regenwaldes führen. Einige Klimamodelle sagen einen vollständigen Zusammenbruch des Amazonas-Regenwaldes in diesem Jahrhundert voraus. Die globalen Folgen wären eine weitere massive Zunahme der atmosphärischen CO_2-Konzentrationen und damit eine erhebliche Verstärkung der globalen Erwärmung.« (Umweltbundesamt Deutschland 2008)

Rodung der borealen Nadelwälder

Mit etwa 15 Millionen Quadratkilometern umfassen die borealen Wälder mehr als ein Drittel der weltweiten Waldfläche. Sie sind in der Regel Nadelwälder auf der Nordhalbkugel, erstrecken sich über Nordamerika, Europa und Asien und gehen hoch im Norden in die baumlose Tundra über. Am südlichen Rand treffen sie auf die gemäßigten Breiten mit Laubwäldern, wie sie zum Beispiel in Europa ab Mittelschweden anzutreffen sind.

Wie auch in Mitteleuropa führt die Erderwärmung in diesen Gebieten bereits heute zu verstärkter Trockenheit und ungewohnter Hitze im Sommer. Daran ist das dortige Ökosystem nicht angepasst. Die Bäume werden anfälliger gegenüber Krankheiten und Parasiten, die Reproduktionsraten nehmen ab, Waldbrände treten häufiger auf, und stärker auftretende Stürme reißen viele Bäume einfach nieder. Auch in den borealen Gebieten sterben immer mehr Bäume, und es kommt zur Ausbreitung von kargem Grasland. Hierdurch nimmt die Bodenfeuchte noch weiter ab. Als klimatischen Kipppunkt, der zum Kollaps der borealen Wälder führt, geben Wissenschaftler eine globale Erwärmung von 3 Grad Celsius über dem vorindustriellen Niveau an. Auch nur eine Zeitfrage?

Ein zusätzlicher beschleunigender Klimafaktor: Etwa 90 Prozent des Papiers und Schnittholzes der Erde stammen von Bäumen aus den borealen Wäldern. Auch hier werden im Rahmen unserer konventionellen Art des Wirtschaftens häufig Abholzungen durchgeführt, Wälder vernichtet und durch Forste ersetzt. Durch die Rodung kann der Wald insgesamt weniger Kohlendioxid aus der Luft binden. Die Vernichtung des Waldes führt auch zu einer Abnahme der Bodenfeuchte, und im Boden gebundener Kohlenstoff wird freigesetzt. Derartige Prozesse verstärken die Gefahr eines Kollapses der borealen Wälder.

Auch in den borealen Wäldern setzt sich dann das weltweite konservativ-wirtschaftliche Mantra durch: »Der Mensch muss den Wald pflegen.« Doch die Natur muss nicht mit konventionell falschen Methoden »gepflegt« werden. Sie muss geschützt werden, damit ihre Resilienz wieder in Gang kommt. Kein Mensch kann das so perfekt wie die Natur selbst! Für das naturschonende Wirtschaften müssen wir mehr von den Ökosystemen lernen.

Seit dem Mittelalter verändern wir das gesamte Gesicht des Planeten. Hierzulande versucht die Wissenschaft gerade zum Beispiel auf den nur bis zu 0,6 Prozent naturbelassenen Restflächen (zumeist Nationalparks) herauszufinden, wie sich die Natur dort weitestgehend ohne menschliche Einflüsse entwickelt. Auf den ansonsten konventionell wirtschaftlich betriebenen Forstflächen hat der Einsatz von schweren Geräten, zum Beispiel Traktoren, Lkw und den überaus effizienten Harvestern (»Kranvollernter für ganze Bäume«), zu einem weitgehenden Absterben des Waldbodens geführt. Der Waldboden wird weniger durch das Gewicht als durch die Vibrationen dieser Maschinen platt gewalzt und verdichtet. Die Harvester werden fast überall eingesetzt, man fährt kreuz und quer durch die ursprünglichen Waldflächen zu den einzelnen Bäumen, die dann abgesägt und abtransportiert werden. Nahezu alle Böden in Deutschland wie andernorts wurden so technisch modern und effizient platt gefahren.

Durch das Vibrieren der Forstmaschinen werden die Waldböden zusammengedrückt und die dort lebenden unzähligen Organismen – Bakterien, Pilze, Baumwurzeln, Insekten, Würmer – verpresst. So wurde der Lebensraum des Bodens sehr weitgehend zerstört. In einer Handvoll natürlichen Waldbodens leben mehr Lebewesen, als es Menschen auf dem Planeten gibt – über 8 Milliarden! Die Zahl der Pilzarten weltweit in den Böden wird auf bis 3,8 Millionen geschätzt. Wir kennen sie längst nicht alle und ihre gemeinnützigen Wirkungen viel zu wenig: Sie liefern zahlreiche wichtige Nährstoffe für das riesige Ökosystem Wald. Die unterschiedlichen Bäume und anderen Pflanzen gehen eine Symbiose mit den Pilzen ein. Pflanzen und Pilze versorgen sich über ihre riesigen unterirdischen Geflechte gegenseitig mit lebensspendendem Zuckerwasser.

Auch dies ist ein wesentlicher Faktor für den Anstieg des Meeresspiegels: Der platt gedrückte Forstboden – wie auch die Landwirtschafts- und Siedlungsböden bei uns – kann nur noch einen kleinen Anteil des Regens aufnehmen und in der Erde halten. Darüber hinaus fließt das Wasser durch die unzähligen Gräben, die wir überall in den Forsten angelegt haben, schnell ab. Der Grundwasserspiegel der Forste kann nur noch höchstens unter der unteren Grabentiefe liegen.

Wir senken die Grundwasserspiegel also auch hier zusätzlich ab, trocknen die Forstflächen aus und machen die hier angepflanzten, häufig nicht heimischen Bäume anfällig für Insekten, die die durch uns geschwächten Bäume dann sehr leicht schädigen können. Die ersten wirtschaftlichen Kollateralschäden: Preisverfall von Holz durch Unmengen abgestorbener Bäume, Steuergelder für Entgeltausfall der Forstbetriebe und für Wiederaufforstungsprojekte mit erwärmungs- und trockenheitsresistenteren Baumarten. Aber haben wir hieraus bereits die Lehren für ein naturschonendes Wirtschaften gezogen? Haben wir das Ökosystem verstanden?

Die aufgrund von Klima- und Erderwärmung seltener werdenden Regenfälle können von den Forstböden nur noch unzureichend aufgenommen werden und fließen direkt in die Gräben ab, die in Bäche und Flüsse und schließlich in die Meere münden. Das Gleiche machen wir überall: In unseren versiegelten Siedlungsgebieten, auf unseren Agrarflächen und in unserer Infrastruktur haben wir die Erde platt gewalzt und damit die Wasseraufnahmefähigkeit entscheidend verringert. Das Wasser wird auch dort sehr rasch in unzähligen Regenauffanggräben und ausgeklügelten Kanalisationen über Bäche und Flüsse ins Meer geführt. Während der Industrialisierung wurden diese Wasserwegführungen flächendeckend effizient gebaut. »Flurbereinigung« nannten wir unser behördliches, standardisiertes Vorgehen, gegen das kaum jemand protestierte. Von unserem heutigen Wissensstand betrachtet, wirkt dieser Begriff zynisch und ökologisch dramatisch.

Das Wasser fließt unnatürlich schnell durch die begradigten und betonierten, von ausgetrockneten Auengebieten entnabelten Flüsse ins Meer. Neben unseren weiteren sehr gravierenden Eingriffen in das Ökosystem trägt diese gesamtflächige Wegführung des Wassers vom Land in die Meere auch zum Anstieg des Meeresspiegels bei. Die Folgen: Erwärmung und Austrocknung bei uns, noch mehr warmes (!) Landwasser in den Meeren.

Permafrostböden tauen auf

In Permafrostböden ist Kohlenstoff dauerhaft eingefroren. Dies ist der Stoff, aus dem jede Biomasse besteht – Pflanzen, Tiere und wir. Er hat sich in der langen Vergangenheit vieler Generationen im Boden abgelagert. Permafrostböden gibt es sehr großflächig in den Nordregionen: in großen Teilen Russlands, Kanadas, Alaskas und in westlichen Teilen Chinas. Fast ein Viertel der Landoberfläche der Nordhalbkugel steckt im Permafrost. In den Permafrostböden lagern 25 Prozent des weltweiten Bodenkohlenstoffs – fast doppelt so viel wie in der Erdatmosphäre!

Im Ökosystem tauen die oberen Bodenschichten des Permafrostbodens regelmäßig im Frühling auf. Normalerweise bleibt der Boden unter diesen Schichten gefroren, sodass das Schmelzwasser nicht weiter abfließen kann. So haben sich im Ökosystem ausgedehnte Feuchtgebiete und Moorlandschaften mit einer reichen Vegetation gebildet. Die Wachstumsphase dieser Vegetation beträgt nur etwa zwei bis drei Monate, in denen die Pflanzen mit ihrer Photosynthese Kohlendioxid aus der Atmosphäre aufnehmen.

Nach dem Absterben der Vegetation zersetzen Mikroorganismen das organische Material. In Form von Methan und Kohlendioxid gelangt der eingelagerte Kohlenstoff teilweise in die Atmosphäre. Wegen der nasskalten Umgebung ist die biologische Abbaurate in den Permafrostböden jedoch gering – jedenfalls im natürlichen Ökosystem. Deshalb lagerte sich die Biomasse – Kohlenstoff – seit Ende der letzten Eiszeit vor etwa 11 000 Jahren in den Böden ab. Dadurch entstanden beispielsweise in Nordsibirien Torfgebiete mit mehreren Hundert Meter Tiefe.

Laut 4. Sachstandsbericht des IPCC (Weltklimarat der Vereinten Nationen) stiegen die Oberflächentemperaturen des Permafrostbodens in der Arktis seit den 1980er-Jahren um bis zu 3 Grad Celsius. Die im Frühjahr und Sommer auftauende Schicht wird in vielen Gebieten immer größer, und Teile dieser Schichten frieren sogar schon im Winter nicht wieder ein. Die maximale Ausdehnung der Fläche mit saisonal gefrorenem Boden nimmt seit 1990 stetig ab.

Aufgrund der steigenden Erderwärmung tauen auch tiefere Bodenschichten auf, und die warmen Sommermonate werden länger. Auf diese Weise taut immer mehr von dem im Ökosystem eingefrorenen Kohlenstoff auf.

In den vergangenen Jahren gab es sogar Hitzewellen mit knapp 40 Grad (!) in Sibirien und sogar massive Waldbrände mit zusätzlichem CO_2-Ausstoß. So wird immer mehr und immer schneller organisches Material von Mikroorganismen zersetzt, und der Boden setzt immer noch größere Mengen Methan und Kohlendioxid frei.

»Die Wissenschaftler rechnen damit, dass sich im Zeitraum der nächsten 100 Jahre beide Prozesse in den meisten subarktischen Landgebieten weiter fortsetzen und beschleunigen: Die südliche Grenze des Permafrostgebietes wird sich voraussichtlich um mehrere 100 Kilometer nach Norden verschieben. Es ist möglich, dass dabei große Mengen an Kohlenstoff – vorrangig in Form des noch klimaschädlicheren Methan, aber auch als Kohlendioxid – in die Atmosphäre freigesetzt werden.« (Umweltbundesamt Deutschland 2008)

Vernichtung von Mooren

Einen ähnlich starken Klimaeffekt wie die Freisetzung von Kohlenstoff und Methan aufgrund der laufenden Auftauprozesse der nordischen Gebiete bewirkt die Trockenlegung von Sumpf- und Moorgebieten in den mittleren kontinentalen Breiten. In Mitteleuropa wurden bereits die meisten dieser artenreichen Moore und Sümpfe vernichtet.

Die heute noch vorhandenen Moore machen nur noch drei Prozent der weltweiten Landfläche aus. Sie speichern aber doppelt so viel Kohlenstoffdioxid wie alle Wälder der Erde zusammen. In Deutschland ist der Vernichtungsprozess fast abgeschlossen. Man hat nur ein paar Schutzgebiete erhalten. In Niedersachsen werden heute immer noch die letzten Reste Torf aus diesen fantastischen, ursprünglichen Moorgebieten abgebaut, um sie als Blumenerde und Kosmetika zu verkaufen (Bundesregierung Deutschland 2021). Das gesamte Emsland und die angrenzende Region in den Niederlanden waren einmal ein Sumpf- und Moorgebiet. Heute muss man weit reisen, um solche Schönheit zu finden: Der Drehort für das paradiesische Auenland im Blockbuster-Film *Der Herr der Ringe* lag in Neuseeland. Ein solches an Schönheit und Arten reiches Ökosystem gab es früher auch in Deutschland.

Bis Mitte des vergangenen Jahrhunderts wurden diese Ökosysteme überall in Mitteleuropa trockengelegt, und diese Gebiete wurden als Landwirtschafts-, Infrastruktur-, Siedlungs- und Gewerbeflächen »nutzbar gemacht«. Die dort – wie im Permafrostboden – seit Jahrtausenden unter der Wasserschicht abgelagerte Biomasse wurde abgebaut und als Torf verkauft, vor allem als Brennmaterial und als Blumenerde für Balkonpflanzen. Das hier in Jahrtausenden gebundene CO_2 und Methan wurde von vielen Menschenhänden in die Atmosphäre freigesetzt.

Nachdem fast alle paradiesischen Moore und Sümpfe in den westeuropäischen Ländern vernichtet und nur wenige Reste im Naturschutz erhalten werden, wird dieser ganz normale, konventionelle Wirtschaftsprozess nun großflächig in Osteuropa fortgesetzt, insbesondere im Baltikum (NABU 2023). Man schaue nur einmal in unseren Supermärkten, Pflanzen- und Baumärkten auf die Plastiksäcke der Blumenerde. Wie häufig findet man dort »Torf« – und woher kommt dieser Torf?

Hier zeigt sich die unfassbare Normalität unseres konventionellen Wirtschaftens und unseres »Lifestyle-Mainstreams«.

Wir erwärmen die Erde

Der Gehalt von Kohlendioxid in der Atmosphäre beträgt nur einen Bruchteil von 1 Prozent. Im Ökosystem der Erde folgt dieser Stoff einem ständigen, perfekt austarierten Kreislauf. Gäbe es kein CO_2 in der Luft, würden die Temperaturen um durchschnittlich über 30 Grad Celsius sinken. Der Planet wäre in kürzester Zeit mit einer kilometerdicken Eisschicht bedeckt. Umgekehrt: Bei einem Anstieg auf nur 1 Prozent CO_2 würde die Oberflächentemperatur der Erde den Siedepunkt erreichen. Im Ökosystem besitzt die in der Natur perfekt austarierte Menge von CO_2 also eine Schutzfunktion. Sie sichert die Temperatur in der Atmosphäre, die uns wie auch den Tieren und Pflanzen das Leben ermöglicht. Und Pflanzen brauchen das CO_2 der Luft, um mit ihrer Photosynthese Zucker herzustellen. Alle Lebewesen sind perfekt hieran angepasst.

Im funktionierenden Ökosystem gelangen Sonnenstrahlen zur Erde. Das CO_2 in der Luft lässt die reflektierten Sonnenstrahlen nicht mehr ins Weltall entweichen, sondern hält sie und damit die Wärme zurück. Dies nennen wir Treibhauseffekt. Im heutigen Ökosystem gibt es aber bereits zu viel CO_2, und es wird immer noch mehr emittiert. So wird immer mehr Wärme entwickelt, und die Temperaturen steigen weiter.

Jede Biomasse, auch unser menschlicher Körper, besteht aus Kohlenstoff. Wenn wir das verbrennen und wenn wir oder Tiere ausatmen, entsteht Kohlendioxid. Wenn wir uralte, in der Erde verschlossene Biomassen ausgraben und verbrennen, passiert das ebenfalls: in Form von Kohle, Erdöl und Erdgas. Davon verbrennen wir immer noch zu viel – als hätten wir seit den Neandertalern keine bessere Technik erfunden, als Biomasse zu verbrennen.

Das Kohlendioxid bleibt bis zu 100 Jahre lang in der Atmosphäre, das heißt, das CO_2, das wir 1940 emittiert haben, ist zum Teil immer noch in der Luft. Und der Weltrekordhöchststand an Kohlendioxid – heute! – wird erst bis 2123 abgebaut sein (636 Milliarden Tonnen CO_2 im Jahr 2018).

Ein weiteres klimaerwärmendes Gas ist Methan. Es hat eine 25-fach höhere Treibhauswirkung als CO_2, hält sich aber nicht so lange in der Atmosphäre. Etwa 20 Prozent der Klimaerwärmung wird durch Methan verursacht. Methan wird unter anderem durch Mikroorganismen beim Abbau von Biomasse gebildet. Große Mengen von Methan entstehen in unserer Art des Wirtschaftens bei der Verdauung der weltweit riesigen Anzahl von Rindern und durch den Reisanbau in Asien. Allein in Deutschland werden 12 Millionen Rinder gehalten, die 500 000 Tonnen Methan abgeben. Weltweit wurden 2020 1,5 Milliarden Rinder für Fleischprodukte produziert, mit weiter steigendem Trend! (Statistisches Bundesamt)

Darüber hinaus gibt es weitere sehr gravierende Ursachen für den Treibhauseffekt, so etwa die weltweit stark steigende Anzahl von Klimaanlagen, die häufig mit Kältemitteln aus fluorierten Gasen betrieben werden. Ihr Treibhauspotenzial liegt um bis zu 24 000-mal (!) über dem von CO_2. Das am weitesten verbreitete Kältemittel »R134a« wirkt 1430-mal stärker als CO_2! Immer mehr Klimaanlagen, vor allem in den Schwellenländern mit großer Hitze, aber auch in unserem reichen Westen, werden von den wohlhabenderen Millionen Menschen erworben. Heute gibt es kaum noch ein Auto ohne Klimaanlage. Auch eine ganz normale konventionell-wirtschaftliche Entwicklung.

Neue, zusätzliche Energiebedarfe der wachsenden Weltbevölkerung sind in den Klimazukunftsszenarien häufig noch gar nicht erfasst. Dies gilt auch für das bereits zur Normalität gehörende Internetstreaming. Videoinhalte machen mittlerweile 80 Prozent des Datenverkehrs in den Telekommunikationsnetzen aus. Einer ersten Untersuchung zufolge hat Videostreaming bereits

2018 mehr als 300 Millionen Tonnen CO_2 verursacht – eine Menge, die das gesamte Land Spanien in einem Jahr ausstößt (The Shift Project 2019). Weithin unbemerkt von der Öffentlichkeit ist der Markt des Videostreaming besonders in der zu sozialer Vereinsamung führenden Coronazeit rasant weiter gewachsen.

In unserem konventionellen Wirtschaften gibt es unzählige weitere Sektoren, die das lebensbedrohliche Zuviel an Treibhausgasen verursachen. Schließlich besteht der größte weltweite Energieanteil nach wie vor – mit immer noch steigender Tendenz – aus Biomasse, die wir verbrennen: Kohle, Erdöl und Erdgas. Und wie beschrieben, gilt dies auch und insbesondere für die Schwellenländer, die hiermit gerade erst beginnen.

Unsere heutigen Produkte bestehen in der Regel in vielen Teilen aus Plastik, das aus Erdöl gewonnen wird. Die Erdölförderung ist sehr energieintensiv und sehr naturschädlich. Und nach einer häufig sehr kurzen und durchschnittlich immer kürzeren Nutzungszeit verbrennen wir das Erdöl bzw. das Plastikprodukt oder »entsorgen« es in der Natur. Von dort wird es häufig über Flüsse in die Meere gespült. Erdöl ist nach wie vor konkurrenzlos billig, Recycling ist weltweit immer noch vielfach Neuland.

Unsere Art des Wirtschaftens ist die Ursache für die Erderwärmung. Unser Zuviel an CO_2 in der Atmosphäre führt zu den beschriebenen katastrophalen Störprozessen im Ökosystem.

Und der CO_2-Anteil in der Atmosphäre wird absehbar weiter steigen. Viele Wissenschaftler*innen prognostizieren, dass ab einer bestimmten Menge die zunehmende Klimaerwärmung nicht mehr umkehrbar sein wird. Die beschriebenen Kipppunkte werden dann zu plötzlich auftretendem weiteren CO_2 in der Atmosphäre führen und sie überproportional schnell weiter erhitzen. Das wiederum wird noch schneller das Erreichen weiterer Kipppunkte nach sich ziehen. Unumkehrbar.

Dann werden viele Lebewesen, auch wir Verursacher, sterben. Das gilt nicht für die gesamte Natur. Die hat Zeit und wird sich wieder in neue Gleichgewichte bringen.

Für die Erderwärmung ergibt sich eine sehr profane Diagnose: Wir verbrennen zu viel, wir produzieren zu viele Methan verursachende Tiere, und wir nehmen der Natur zu viel Raum für ihre Resilienz.

Begreifen wir diese Entwicklungen nun, oder wollen wir sie immer noch leugnen?

Bessere Lösungen

Wir brauchen intelligentere Lösungen für ein besseres Leben im Ökosystem!

Wir müssen bei uns Menschen anfangen. Ursächlicher Naturschutz liegt im naturschonenden Wirtschaften, im wertvollen Lifestyle wie auch in der Wiederherstellung der Ökosysteme.

Dieses Buch arbeitet für das Ziel, vom Ökosystem zu lernen, und fördert das naturschonende Wirtschaften als größtes Nachhaltigkeitspotenzial jedes*r Einzelnen: Dieses liegt im wertvollen Lifestyle, im naturschonenden Konsum und Sparen bzw. Finanzieren sowie in der Einbeziehung des Naturwissens bereits in die ganzheitliche Produktplanung von Unternehmen. Dieses zentrale Verständnis für bessere Lösungen wird in den folgenden Kapiteln aufgebaut.

Politisch zentral sollte die Grundpflicht des Naturschutzes aus den Grundgesetzen und Verfassungen aller Länder weiter in die jeweiligen Umsetzungsgesetze überführt werden, etwa in die EU-Ökodesign-Richtlinie und ihre entsprechenden globalen Vorschriften als Leitlinien für alle Produkte und die zu ihrer Herstellung verwendeten Materialien, die immer aus der Natur stammen. Wissenschaftlich fundiert und gemeinsam mit der Wirtschaft sollten Leitlinien und eine Wissensvermittlung für ein naturschonenderes Wirtschaften für alle Produkte geschaffen werden. Dies wird im vorletzten Kapitel dieses Buches erläutert.

Nachdem wir uns mit den Gefahren der Klima- und Erderwärmung befasst haben, wird im Folgenden zunächst weiteres Grundwissen über den Boden als unsere wesentliche Lebensgrundlage anschaulich gemacht. Der Boden spendet nicht nur das gesamte Leben auf diesem Planeten, er bietet auch einen großen natürlichen Klimaschutz durch seine CO_2-Bindung. Auf der Grundlage dieses Wissens werden dann Lösungen für unsere Naturprobleme empfohlen, mit denen jede*r gleichzeitig ihr/sein Leben und das Gemeinwohl erheblich verbessern kann.

Quellenangaben

Bundesministerium für Umwelt, Naturschutz, nukleare Sicherheit und Verbraucherschutz (BMUV) (2023): Was steht in der »Krefelder Studie«? https://www.bmuv.de/faq/was-steht-in-der-krefelder-studie, abgerufen am 17.06.2023.

Bundesregierung Deutschland (2021): Klimaschutz – Moore mindern CO_2. https://www.bundesregierung.de/breg-de/aktuelles/moore-mindern-CO2-435992, abgerufen am 17.06.2023.

Dietzel, Bode; Connolly, Hughes (2020): Long-term shifts in the colony size structure of coral populations along the Great Barrier Reef. Royal Society Publishing. https://royalsocietypublishing.org/doi/10.1098/rspb.2020.1432, abgerufen am 17.06.2023.

Frankfurter Allgemeine Zeitung (2020): Rekordtemperatur. Erstmals über 20 Grad in der Antarktis gemessen. https://www.faz.net/aktuell/gesellschaft/erstmals-ueber-20-grad-in-der-antarktis-gemessen-16634174.html, abgerufen am 17.06.2023.

Intergovernmental Panel on Climate Change (IPCC) (2018): Special Report. Global Warming of 1.5 °C. https://www.ipcc.ch/sr15/, abgerufen am 17.06.2023.

Intergovernmental Panel on Climate Change (IPCC) (2019): Special Report. Climate Change and Land. https://www.ipcc.ch/srccl/, abgerufen am 17.06.2023.

Intergovernmental Panel on Climate Change (IPCC) (2019): Special Report on the Ocean and Cryosphere in a Changing Climate. https://www.ipcc.ch/srocc/, abgerufen am 17.06.2023.

Naturschutzbund Deutschland (NABU) (2023): Langzeitprobleme durch Torfabbau. Schutz der Moore ist praktischer Klimaschutz. https://www.nabu.de/natur-und-landschaft/moore/moore-und-klimawandel/23375.html, abgerufen am 17.06.2023.

Potsdam-Institut für Klimafolgenforschung (2015): Golfstromsystem verliert an Kraft. Klimawandel im Verdacht. https://www.pik-potsdam.de/de/aktuelles/nachrichten/atlantic-ocean-overturning-found-to-slow-down-already-today, abgerufen am 17.06.2023.

The Shift Project 2019: Climate Crisis. The unsustainable use of online video. https://theshiftproject.org/wp-content/uploads/2019/07/Excutive-Summary_EN_The-unsustainable-use-of-online-video.pdf, abgerufen am 17.06.2023.

Statistisches Bundesamt (2022): Internationales – Globale Tierhaltung, Fleischproduktion und Fleischkonsum. https://www.destatis.de/DE/Themen/Laender-Regionen/Internationales/Thema/landwirtschaft-fischerei/tierhaltung-fleischkonsum/_inhalt.html, abgerufen am 18.08.2023.

Süddeutsche Zeitung/Weltbiodiversitätsrat IPBES (2021): UN-Artenschutzgipfel – Die Millionenfrage. https://www.sueddeutsche.de/wissen/artensterben-klimawandel-artenschutz-1.5435197, abgerufen am 18.08.2023.

Umweltbundesamt Deutschland (2008): Kipp-Punkte im Klimasystem. Welche Gefahren drohen? https://www.umweltbundesamt.de/sites/default/files/medien/publikation/long/3283.pdf, abgerufen am 17.06.2023.

World Wildlife Fund (WWF)/Weltnaturschutzorganisation IUCN (2022): Artensterben – Rund eine Million Arten könnten innerhalb der nächsten Jahrzehnte verschwinden, wenn sich der Zustand unserer Ökosysteme weiterhin verschlechtert. https://www.wwf.de/themen-projekte/artensterben, abgerufen am 18.08.2023.

Zemp, Michael (2006): Glaciers and climate change – spatio-temporal analysis of glacier fluctuations in the European Alps after 1850. Universität Zürich.

3sat/Scobel (2021): Klimakrise und Verantwortung. https://www.3sat.de/wissen/scobel/scobel---klimakrise-und-verantwortung-100.html, abgerufen am 17.06.2023.

Weiterführende Verweise

3sat/Scobel: Die Illusion von Natur (2020). https://www.3sat.de/wissen/scobel/scobel--die-illusion-von-natur-100.html, abgerufen am 17.06.2023.

Boden – unsere Lebensgrundlage

Seit vielen Generationen lebt eine Familie von der Bewirtschaftung des Bodens. In den letzten beiden Generationen sagten alle, dass sie die modernen Methoden anwenden solle. Jetzt stellt die Familie fest, dass damit der Boden ausgelaugt ist. Alle sagen, dass sie immer mehr Kunstdünger einsetzen solle, der den Boden aber noch weiter auslaugt. Die Familie weiß, dass sie damit ihr Erbe verliert. Was will sie jetzt tun?

Herausforderung

Immer mehr Bodenversiegelungen unter Asphalt und Beton, immer mehr Monokulturen, immer weniger Wildnis, immer neue und immer mehr Kunstdünger und »Pflanzenschutzgifte«, während die Wissenschaft die dadurch herbeigeführten starken Schäden für die komplexen und grundlegenden Kreisläufe der Natur bestätigt. Die Wissenschaft warnt eindringlich davor, das Ökosystem Boden weiter zu zerstören.

Die weltweite, immer industriellere Bodennutzung seit den 1950er-Jahren konnte bis heute hohe Ernteerträge bringen – aber auf Kosten des Bodens. Wir schaden dem Boden damit aber so stark, dass wir uns selbst der Zukunft berauben. Unsere jahrzehntelange Ignoranz in der Politik, unsere unreflektierte Angst vor Veränderungen und einseitig starker, systematischer Lobbyismus haben zu lange eine ökologisch bessere Praxis verhindert. Eine bessere Praxis unterstützt, entwickelt und fordert dieses Kapitel – für eine gesunde Ernährung, für die globale Ernährungssicherheit und den Klimaschutz sowie für den dauerhaften Schutz der Natur. Lernen wir vom faszinierenden Biosystem Boden, lernen wir das Zusammenleben mit ihm, auch zu unserem eigenen Nutzen.

Ob auf den Äckern die Ernte gedeiht, hängt dauerhaft davon ab, wie gesund der Boden ist. Die oberste Humusschicht macht den Boden besonders fruchtbar. Sie enthält die meisten Nährstoffe und beherbergt Milliarden Lebewesen. In nur einer Hand voll gesunden Bodens leben mehr Lebewesen, als es Menschen gibt. Eine unterirdische, reiche Schönheit, die wir nicht sehen. Dauerhafte und für alle Menschen ausreichende Ernährung gibt es nur durch sie. Hier wächst die menschliche und tierische Nahrung, und hier wird das Wasser gefiltert und gespeichert – jede Ernährung stammt aus dem Boden. Die Böden ernähren uns nicht nur, sie nehmen auch CO_2 aus der Luft auf. Dabei könnten Böden wesentlich größere Mengen des Kohlendioxids aufnehmen, wenn wir die Böden gesund halten würden – doch wir nutzen diesen massiven Beitrag zum Klimaschutz nicht. Bodenschutz ist auch wesentlicher Klimaschutz.

Stattdessen begehen wir konsequent Raubbau an den Böden. Wir versiegeln sie und laugen und trocknen sie aus. Selbst im bereits sehr dicht besiedelten Deutschland gehen jedes Jahr weitere 178 Quadratkilometer unter Beton oder Asphalt verloren (Umweltbundesamt Deutschland 2020). Wald-, Auen- und Moorvernichtung, Monokulturen, Übernutzung, Überdüngung und Vergiftung führen zu Bodenerosionen – zur Auslaugung des Bodens. Mineraldünger, Insektizide und Pestizide töten nicht nur Tiere und Pflanzen, sondern auch das empfindliche System der immer noch weitgehend unerforschten Mikroorganismen im Boden.

Dabei braucht es bis zu 20 000 Jahre, bis ein 1 Meter tiefes Stück fruchtbarer Boden entsteht. Boden ist keinesfalls nur zerriebener Stein, sondern er ist ein wahrer Schatz. Es sind die Mikroorganismen und Kleinstlebewesen, die den Boden ausmachen. Die Mikroorganismen sind die Recyclingmeister, die unentwegt die Nährstoffe für jedes Leben, lebenswichtige und lebensverbessernde Arzneien und viele weitere, unerforschte Substanzen für eine Vielzahl neuer Produkte und Möglichkeiten gratis produzieren.

Zudem bringen wir weltweit immer mehr Plastik in die Böden. Bereits heute schlummert in den Böden bis zu 32-mal mehr Mikroplastik als in den Meeren (IEEP 2018). Zu den Hauptursachen zählen vor allem der massenhafte Autoreifenabrieb, Verluste bei der Abfallentsorgung und Plastik im Biomüll – alles verweht in die Natur. Selbst in den Wäldern zerdrücken wir mit schweren Forstmaschinen großflächig die Böden und mit ihnen die unzähligen, vielfältigen Mikroorganismen. Mit unseren Kanalisationen und den überall angelegten Gräben in den Wäldern und in den Feldlandschaften führen wir das Regenwasser rasend schnell über Bäche und Flüsse ins Meer ab, senken die Grundwasserspiegel und beschleunigen die Austrocknung der Böden im Zusammenspiel mit der Klimaerwärmung weiter.

Permanent vernichten wir weitere empfindliche Teile des verletzlichen Bodens: jährlich weltweit 5 bis 7 Millionen Hektar landwirtschaftlicher Fläche. Jährlich verlieren wir 24 Milliarden Tonnen Boden durch Erosion, 1 Milliarde davon in der EU (Heinrich-Böll-Stiftung 2015). Aber der Boden ist angesichts der weiter stark wachsenden Weltbevölkerung eine rare Ressource.

Wir sollten den Weckruf der Vereinten Nationen hören und erkennen, in welchem Maße unsere konventionelle Landwirtschaft den Boden schädigt: »Noch 60 Ernten im konventionellen Pflanzenanbau, dann ist Schluss mit Ackerbau!« Dann wird das Mikrosystem der Böden so zerstört sein, dass sie die wachsende Weltbevölkerung nicht weiter ernähren können (Vereinte Nationen/Scientific American 2014). »Wir stehen kurz vor dem Burnout oder sind schon mittendrin.« (Beste/3sat 2018)

Wie können wir die Böden wiederherstellen, erhalten und bestens nutzen?

Steigen wir ein in dieses faszinierende und lebensnotwendige Thema. Erste Frage: Wie nehmen wir den Boden unter unseren Füßen heute eigentlich wahr?

Unsere Wahrnehmung des Bodens

Für unsere Vorfahren waren Böden und Bäume mystisch und sogar heilig – zu Recht. Heute ist der Boden für die meisten Menschen gar nicht präsent. Für viele ist Boden Dreck. Es ist etwas, auf dem wir täglich herumtrampeln, oder unter dem Asphalt. Aber wenn man anfängt, sich mit sachverständigen Leuten, Bauern oder Bodenkundlern, dem Thema Boden anzunähern und das Faszinosum Boden mit den Händen zu erspüren, dann versteht man, dass das kein toter Lebensraum ist. Man versteht, dass der Boden selbst ein Ökosystem mit unglaublich vielen und vielfältigen Lebewesen ist. In unserer Normalität sind die meisten Menschen »zu weit weg vom Boden«. Sie wissen es nicht.

Zudem sehen wir den Boden nur von oben. Nur wenige haben den Querschnitt von Böden gesehen oder gar erspürt: Humus, Steine, Wurzeln, Insekten, Würmer, Larven und kleinste Tiere, Bakterien, Pilze, gestorbene Organismen usw. Der Boden entzieht sich uns, weil wir nicht hineinkommen. Man muss sich schon die Finger »schmutzig« machen. Nimm einmal gesunden Waldboden in die Hand, und schau nach, rieche und spüre das Leben in ihm. Auch viele Baumseminare und sogar Baumtherapien lehren, die Kräfte der Natur wahrzunehmen. Wenn es dir auf den ersten Blick nicht zu esoterisch erscheint, umarme doch mal einen großen Baum oder lege dich auf den Waldboden. Lass ihn einfach mal auf dich wirken. Unsere Vorfahren wussten es – in der Natur hängt alles perfekt zusammen, alles lebt gemeinsam.

Fragt man heute jüngere Menschen, welche Naturerfahrungen sie in ihrer Kindheit glücklich gemacht haben, hört man häufig, dass sie es genossen haben, »durch Wiesen und Felder zu laufen«. Das ist es, was viele junge Menschen heute für Natur halten: die fast überall durch Menschen veränderte, kultivierte Natur.

Der Laie erkennt nicht, ob Böden gesund sind, ob sie an einer Krankheit leiden oder übernutzt sind. Wir haben herrliche Ernten draußen stehen, im Frühjahr sehen wir den gelb leuchtenden Raps und weite Maisfelder. Das sieht alles sehr produktiv aus, und wenn man dort spazieren geht, kommen die meisten nicht auf die Idee, dass damit etwas nicht in Ordnung ist. Erosionsereignisse sind bei uns in Mitteleuropa nicht sehr auffällig. Da diese Prozesse hier schleichend verlaufen, nehmen wir Menschen nicht wahr, was wir aus den Böden machen. Wir haben die Landschaften in den vergangenen 100 Jahren mit wachsendem Technikeinsatz stark verändert, davor ging das langsamer. Dabei haben wir uns immer weiter von der Natur entfernt.

Erst durch die Mikrobiom-Forschung, die sich mit den Systemen der Kleinstlebewesen befasst, wurde in den vergangenen Jahren erkannt, wie komplex die Böden vor allem über Pilze, Pflanzenwurzeln und Bakterien in der Erde vernetzt sind. Es wurden viele neue Arten gefunden, die zuvor unbekannt waren. Boden ist viel mehr als gemahlenes Gestein. Es braucht sehr viel Leben, um Leben hervorzubringen.

Was ist eigentlich Boden?

Unter unseren Füßen lebt ein riesiger Organismus. In einem Hektar gesundem Grünlandboden leben 1 bis 3 Millionen Regenwürmer (Bundesministerium für Ernährung und Landwirtschaft Deutschland/Pfiffner 2013). Diese Regenwürmer verdauen die Erde, sie machen den Boden fruchtbar und lockern ihn. Diese Tiere können wir noch benennen. In einem 30 Zentimeter tief ausgehobenen gesunden Quadratmeter findet man 80 Regenwürmer und darüber hinaus 50 Asseln, 50 Spinnen, 100 Käfer, 100 Larven, 10 000 Borstenwürmer, 50 000 Springschwänze, 1 Million Fadenwürmer und Milliarden

Algen, Pilze und Bakterien. All diese Lebewesen verdauen organische Reste. Ohne sie können alle anderen Lebewesen nicht existieren.

Die Verletzlichkeit des Bodens lässt sich am Beispiel des Apfels erklären. Dabei stellt das Fruchtfleisch anteilig das flüssige Erdinnere dar (Magma). Der dünnen Apfelschale entspricht die Erdkruste. Und der kaum sichtbare Staub auf der Apfelschale ist die verletzliche, dünne Erdschicht, von der das ganze Leben abhängt, das wir kennen – der Boden.

Von der weltweiten Festlandsfläche sind nur 12 Prozent intensiv und weitere 22 Prozent eingeschränkt ackerbaulich nutzbar. Denn nicht jeder Boden ist fruchtbar. In Mitteleuropa existieren etwa 100 verschiedene Bodentypen mit unterschiedlichen mineralischen Strukturen, die die Aufnahme von Wasser und die Durchlüftung sicherstellen. Am fruchtbarsten ist schwarze Erde, die einen reichen Vorrat an Humus besitzt. Ihr geringer Säuregehalt, ihr Wasserspeichervermögen und ihre hohe Durchlüftung bilden ideale Bedingungen für die vielen Bodenbewohner und damit für die Fruchtbarkeit. Hingegen ist graue Erde (Podsol) ein saurer Bodentyp, in dem sich die Lebewesen nicht wohlfühlen. In ihm verrotten organische Stoffe nur langsam, um Nährstoffe freizusetzen (Scobel/3sat 2021).

Unsere Ernährung ist zu 98 Prozent von den Böden abhängig. Sie speichern Regenwasser und schützen das Grundwasser vor Verschmutzung. Ein funktionierender Humusboden reinigt Regenwasser durch seine Verrieselung. Er hält es sehr lange und speist das Grundwasser, aus dem wir das Trinkwasser gewinnen.

Um den Organismus Boden zu verstehen, müssen wir seine mächtigsten Lebewesen kennenlernen: die Pilze und Bakterien.

Pilze: unbekannte Recycling-, Kommunikations- und Chemiemeister

Das neue Wissen über Pilze bringt unser Verständnis des Ökosystems, in dem auch wir leben, wesentlich weiter. Es liefert uns einen neuen Rahmen für unser aktuelles Weltbild.

Pilze sind weder Pflanzen noch Tiere. Sie sind ein eigenes Artenreich – das vierte neben uns Menschen, den Tieren und den Pflanzen. Pilze bilden die größte Biomasse nach den Pflanzen und Bakterien. Ihre Anzahl ist so groß wie die der Tiere. Die einzelnen Pilzarten sind so unterschiedlich wie bei Tieren Affen und Wale. Sie können einzellig oder mehrzellig sein. Du kannst ein Mikroskop benutzen, um kleine Pilze sehen zu können, oder ein Flugzeug, um riesige Pilze überhaupt überblicken zu können.

Würde man das Pilzgeflecht aus einem Gramm Erde entflechten, würden sich die Pilzfäden auf 10 Kilometer erstrecken! Sie sind die größten Lebewesen der Erde und gleichzeitig mikroskopisch klein. Was wir auf der Erdoberfläche sehen, sind nur ihre Fruchtkörper. Ihre weit größeren Körperteile befinden sich im Boden: ein Geflecht feiner Fäden, die bei manchen Arten viele Kilometer lang sind. Würde man alle Pilzfäden auf der Erdoberfläche aneinanderreihen, würde ihre Länge dem halben Durchmesser der Sternengalaxis entsprechen, in der wir leben.

Pilze existieren seit 800 Millionen Jahren. 4 Millionen Arten sind bekannt, und erst 6 Prozent sind wissenschaftlich beschrieben. Es sind nicht nur die Pilze, die wir von unseren Tellern oder Waldböden kennen – Pilze wachsen fast überall, auf Holz, im Wasser, auf Gestein und im Boden. Sie gehen eine unterirdische Symbiose mit dem Wurzelgeflecht der Pflanzen ein.

Pilze halten buchstäblich die Welt zusammen. Mit ihrem komplexen Geflecht unzähliger mikroskopisch kleiner Pilzfäden (Hüfen) geben sie dem Boden eine Struktur und schützen ihn vor Erosion. Sie durchziehen nicht nur den Boden, sondern auch die Körper lebender und toter Pflanzen, Tiere und Menschen sowie Sedimente, die sich Hunderte Meter unter der Meeresoberfläche befinden. Sie durchziehen Leinwände von Gemälden, unsere Lebensmittel, Teppiche, Bücher und Müllkippen. Pilze rufen uns die Grundbedingungen des Lebens in Erinnerung: Kooperation, Symbiose und Vernetzung. Leben, das sich diesen Bedingungen verweigert, verschwindet aus der Welt (Lowenhaupt Tsing 2018).

Wir können sie nicht sehen, doch sie sind mit ihren gigantischen Größen und den noch weitgehend unerforschten mikrobakteriellen Aktivitäten in gesunden Böden die Lebewesen, die Pflanzen miteinander vernetzen, sie mit Nährstoffen und Wasser versorgen und sie sogar kommunizieren lassen.

Tatsächlich: Sie sind in ihrer Schönheit und ihren vielfältigen Wirkungen nicht nur in unserer Öffentlichkeit unbekannt, sondern auch in der Wissenschaft noch weitgehend wenig erforscht. Ohne Pilze wäre der Planet Erde wahrscheinlich nur der Gesteinsbrocken, der er vor Milliarden Jahren war. Ohne Pilze wäre der Boden totes Gestein.

Pilze sind die Recyclingweltmeister

Sie zersetzen und verwandeln Biomasse in Nährstoffe. Sie helfen Pflanzen, Stickstoff und Phosphate aus dem Boden aufzunehmen, und regen die Wurzelbildung von Pflanzen an. Viele Pilzarten tauschen mit Pflanzen Wasser gegen Zucker. Das heißt, Pilze versorgen Pflanzen durch ihre langen Fäden mit Wasser und erhalten Zucker von den Pflanzen zurück. Sie leben in einer perfekt funktionierenden Symbiose miteinander. Im Boden braucht jeder jeden, wobei die Pilze die riesigen Vernetzer und Zersetzer sind. Diese komplexen Organismengemeinschaften und Netzwerke hat die Wissenschaft bisher kaum durchdrungen.

Pilze verdauen außerhalb ihres Körpers. Sie scheiden Säuren und Enzyme in ihrer Umgebung aus und verdauen dort die Nährstoffe, zersetzen sie in verschiedene Bestandteile, nehmen sie dann auf und stellen sie anderen Pflanzen wieder zur Verfügung. Sie sind die Meister der Verwertung und der Biosynthese. Der Boden wirkt wie der Magen und der Darm der Pilze. Die Pilze verkleben mit ihrer Zersetzung und Verwertung den Boden. Damit sorgen sie für seinen Zusammenhalt und schützen ihn vor Erosion. Pilze sind es, die so alle Nährstoffe des Planeten immer wieder recyceln. Sie bilden unter anderem den Kohlenstoff-, den Stickstoff-, den Phosphat- und den Schwefelkreislauf ab. Sie haben es geschafft, dass die Erde immer wieder Humus bildet.

Sogar dort, wo Menschen Verwüstungen hinterlassen haben – zum Beispiel in Tschernobyl oder Fukushima oder auch in anderen Ruinen unseres konventionellen Wirtschaftens –, sind Pilze die Ersten, die den Boden wieder restaurieren. Dank ihrer hochwirksamen Enzyme können sie die hartnäckigsten Substanzen und Schadstoffe zersetzen, für die es keine konventionellen Reinigungsmittel gibt: Rohöl, Kunststoffe, den Sprengstoff TNT, Schwermetall- und Bleiverseuchungen, Medikamente-/Antibiotikaverschmutzungen. Sogar radioaktive Strahlung kann einigen Pilzen als Energiequelle dienen. Sie reinigen und recyceln, bis nur noch Kohlenstoff und Wasser übrig bleiben. Gratis.

Pilze sind Kommunikationsmeister

Pilze agieren wie eine Informationsautobahn. Sie ermöglichen es Pflanzen und Mikroorganismen, miteinander zu kommunizieren und zu kooperieren. Sie können sich gegenseitig chemische Warnsignale, Kontaktsignale, Nahrungshinweise und andere Informationen geben. Es ist heute bekannt, dass Pilze über ihre bis zu viele Kilometer langen Pilzfäden kommunizieren. Wir wissen aber noch nicht, ob sie dies mit Kommunikationsmolekülen oder anderen, vielleicht elektrischen Signalen bewerkstelligen. Viele Pilzarten gehen in gesunden Böden Netzwerke mit Pflanzen und Bakterien ein. Dabei sind die Netzwerke sehr unterschiedlich. Die Pilze nehmen zwischen den Pflanzen und Bakterien eine hochkomplexe Vermittlerrolle ein. Bakterien brauchen die Pilze auch, um zum Beispiel Luft- oder Wasserbarrieren über die Pilzfäden überwinden zu können.

Mit welchen Pflanzen gehen Pilze welche Symbiosen ein? Welche Arten brauchen sich gegenseitig, um gemeinsam zu leben und zu wachsen? Welche Symbiosen werden benötigt, um sich gegen Feinde zu verteidigen bzw. andere zu fressen? Wer liefert welche Stoffe? Über welche Pilze können die Pflanzen kommunizieren, sich gegenseitig warnen oder auf Nährstoffe hinweisen? Dies ist ein weites Forschungsfeld für die Wissenschaft.

Regeneratives Wirtschaften mit Pilzen

Zugleich sind Pilze regelrechte Wunderfabriken. Sie produzieren eine noch unüberschaubare Anzahl unbekannter chemischer Stoffe. Auch hier geben Pilze noch sehr viele Rätsel auf. Das macht das Pilzreich ebenso attraktiv wie wichtig für unseren wahren Fortschritt. Keine Frage, dass die Natur für unsere Vorfahren einen hohen mystischen Wert hatte. Leider haben wir das Naturwissen und diesen Respekt aus den Augen verloren.

Anstatt Beton oder Stein können Pilze künftig Baustoff für Häuser werden: Aus den Pilzfäden (Myzel) können Ziegel oder auch Möbel biologisch gebaut werden. Sie können auch als besseres Dämmmaterial dienen.

Der Einsatz des heute immer stärker im globalen Naturraubbau geförderten, seltener werdenden Sandes für die massenhafte Produktion von Beton könnte damit stark eingeschränkt werden. Pilze bauen beispielsweise Lignin ab (Zellwände von Bäumen). Ungefähr 1 Milliarde Abfälle an Lignocellulose fallen pro Jahr in der Land- und Forstwirtschaft an, und lediglich die Hälfte wird bisher genutzt. Die andere Hälfte könnte künftig genutzt werden, um mithilfe von Pilzen stabile neue Komposit-/Verbundwerkstoffe und zum Beispiel Hausziegel herzustellen. Vorstellbar sind hierfür keine neuen, riesigen Monokulturen, sondern Bioreaktoren in der Industrie. Wissenschaftler aus dem Bereich der Biophysik erwarten die ersten Häuser aus Pilzziegeln bereits in zehn Jahren.

Sogar Leder und künftig vielleicht weitere Kleidung kann aus Pilzen gefertigt werden, das genauso reißfest und dabei aber naturschonender ist als das Original. Es müssen dafür keine Tierhäute gegerbt werden. Ebenso wird derzeit an einer alternativen Fleischersatzherstellung aus Pilzen geforscht, wie auch an einer Vielzahl weiterer möglicher Produkte und Verpackungen aus Pilzen. Hier tut sich gerade ein neues Forschungsgebiet und voraussichtlich großes ökologisch-nachhaltiges Wirtschaftsfeld auf. Heute werden Pilzenzyme bereits in Waschmitteln, Lebensmitteln, Kraftstoffen und zum Diabetes-Blutzuckernachweis benutzt. Es entstehen immer mehr Forschungseinrichtungen und Start-ups von Unternehmen, die sich diesem wachsenden und nachhaltigen Geschäftsfeld widmen.

Pilze können das neue, bessere Plastik werden! Das Ziel ist, auf diese Weise ohne Abfälle wirtschaften zu können, weil aus den verbrauchten Produkten mit Pilzen neue Produkte rein biologisch wieder hergestellt (komplett recycelt) werden – eine vorbildliche Bioökonomie. Eine einfache, geniale und geradezu perfekte Lösung. Drücken wir den Wissenschaftler*innen hierzu dankbar die Daumen.

Die Biotechnologie steht im Hinblick auf die grundlegenden mikrobiologischen Erkenntnisse noch am Anfang. Aus unserer erdölbasierten Wirtschaftsform könnten wir eine pilzbasierte, regenerative Wirtschaftsform entwickeln.

Werden Pilzprodukte nicht mehr verwendet, können sie komplett auf dem Kompost landen. Ein natürliches Recycling, ebenfalls durch Pilze, und ein Wirtschaften mit widerstandsfähigen Hochleistungsprodukten im Einklang mit der Natur sind dringend zu fördern.

Pilze für Gesundheit und Medizin

In unseren menschlichen Körpern dienen Pilze als gesunde Haut- und Darmflora. Wir gären Brot, Bier und Wein mit ihnen. Manche Pilzarten können aber auch toxisch tödlich sein, während andere Leben retten können. Seit Jahrtausenden werden sie in der Heilkunde eingesetzt und bieten bis heute ein immer noch weitgehend unerforschtes Reservoir an Wirkstoffen für die Gesundheit und für die Heilkünste.

In der Medizin wurden immer wieder Pilze für die Herstellung hochwirksamer Wirkstoffe entdeckt und verwendet: Antibiotika wie Penizillin gegen schlimmste Krankheiten und heute sogar zur Bekämpfung von antibiotikaresistenten Bakterien, Pilze zur Wundversorgung, als psychisch wirksame Stoffe zum Beispiel gegen Depressionen, zur Ausschaltung der Immunabwehr nach Organtransplantationen, als Cholesterinsenker, gegen Herz-Kreislauferkrankungen usw. In China sind heute weit mehr Pilze in den Heilkünsten bekannt und werden zum Beispiel zur Stärkung des Immunsystems und zur Begleittherapie bei Krebs verwendet als in den westlichen Ländern.

Bei unserer bisherigen Verwendung einzelner Pilzstoffe bleibt fraglich, wie und wann diese Pilze ihre verschiedenen Stoffe im Ökosystem einsetzen und wirken lassen. In der heutigen Forschung wird versucht, die ökologischen Systeme nachzubauen, indem Pilze mit anderen Mikroorganismen zusammengebracht werden. In genetischen Verfahren wird versucht, die unbekannten Gencluster von Pilzen zu aktivieren. Gibt man Bakterien an einen Pilz, fängt dieser an, neue Substanzen zu produzieren. Viele Pilze sind einzeln gar nicht kultivierbar und damit auch nicht klinisch untersuchbar, weil sie nur mit anderen gemeinsam leben können. Viele funktionieren nur mit Hunderten oder Tausenden anderen. Diese Komplexität erklärt die Schwierigkeit und die Dauer der wissenschaftlichen Untersuchungen.

Pilze sind das Chemiewunderwerk der Natur – mit einem riesigen, unerforschten Potenzial für Gesundheit/Heilung, natürliche, bessere Pflanzenanbauformen, Recycling und sicher viele weitere Anwendungsfelder. Allein auf Basis der bisher entschlüsselten Pilzgenome sind Millionen neue Substanzen zu erwarten (Scobel/3sat 2021a).

Wir betrachten die Welt immer noch zu sehr als einzelne isolierte Teile. Pilze hingegen stehen als immanente Vernetzer für die Symbiose und für das

Zusammenleben des gesamten Ökosystems. In den Kreisläufen der Natur interagiert alles miteinander. Jeder Einfluss, auch durch uns Menschen, hat Wechselwirkungen in der Natur. Erst mit diesen Erkenntnissen können wir die natürlichen Potenziale des Pflanzenanbaus bestimmen.

Unsere Ernährung

Pilze wie auch alle anderen Mikroorganismen im Boden sind die auch für uns lebensnotwendige Voraussetzung für unsere Ernährung. Die Wirtschafts- und die Ökobilanz des Recyclings durch Pilze sind unschlagbar. Pilze machen ihren Job – das meisterhafte Recycling und die Erstellung von Humus – so perfekt und selbstverständlich, dass es den meisten Menschen noch nie aufgefallen ist. Erst wenn es nicht mehr funktioniert, fällt auf, dass etwas fehlt – so wie uns durch das Bienensterben die für uns auch existenziell wichtige Puzzlefunktion der Pflanzenbestäubung ins Bewusstsein gerückt wurde.

Das massive und flächendeckende Ausbringen von Pflanzengiften, Herbiziden, Pestiziden, Kunstdüngern bis hin zum heute weltweit massenhaft verwendeten Glyphosat und den Neonikotinoiden hat schlimme Auswirkungen auf den Boden.

Es sind die kleinsten Mikroorganismen, die Pilze und Bakterien, die wir auf der Haut und im Darm haben und die auch im Boden grundlegend notwendig für unser Leben sind. Die gigantisch vielen und vielfältigen, immer neuen chemischen Substanzen, die wir überall in die Natur befördern, haben Auswirkungen, deren Folgen wir weder aus der beschränkten Einzelsicht unserer chemischen Stoffe noch im viel komplexeren Zusammenspiel in der Natur verstehen oder abschätzen können. Wir schädigen und verändern gerade den Motor allen Lebens: die Pilze und Bakterien und mit ihnen den Boden.

Der Boden ist nicht nur Anbaufläche für unsere Lebensmittel, sondern er ist das Ökosystem, in dem Pflanzen wachsen, die wir essen können. In unserem industrialisierten Pflanzenanbau seit den 1950er-Jahren führen wir zu viel Stickstoff (beispielsweise Gülle aus Massentierhaltung) und viel zu wenig Kohlenstoff (beispielsweise Pflanzenmaterial) zu. So leidet der Boden seit Jahren gleichzeitig an Mangel- sowie an einseitiger Überernährung. Wir laugen den Boden aus, und er bzw. die Pflanzen werden anfällig für alle möglichen Krankheiten. Deshalb wird im heutigen konventionellen Pflanzenanbau immer massiver Chemie eingesetzt. Eine Teufelsspirale in den sicheren Burn-out der Böden.

Um den Boden zu erhalten und zu nutzen, fordert die Wissenschaft konsequent den Wiederaufbau von Humus. Erst wenn im Boden wieder viel Pflanzenmaterial eingebracht wird, wird sich erneut ganz viel Leben einfinden. Dann bildet sich im Boden wieder eine Humusschicht mit einem sehr hohen Gehalt an organischem Kohlenstoff und vielen anderen Nährstoffen. Diese Humusschicht ernährt in Zusammenarbeit mit den Pilzen und Kleinstlebewesen die Pflanzen. Unbegrenzt, dauerhaft und gesund.

Das Thünen-Institut hat festgestellt, dass der Humusgehalt auf sämtlichen konventionell genutzten Pflanzenanbauflächen abnimmt. Grundsätzlich führt der Mangel an Humus und damit an organischem Kohlenstoff zu sinkenden Erträgen. Trotzdem ist das Ernteertragsniveau zum Beispiel in Deutschland bisher insgesamt gleichbleibend stabil geblieben, denn die Zerstörung des Humusbodens konnte bisher durch die massive künstliche Düngung zugunsten kurzfristiger Erträge aufgefangen werden.

Doch wie beschrieben, würden sich die Pilze und anderen Kleinstlebewesen im Humus um die Pflanzenwurzeln scharen und im Zusammenleben verschiedenste Nährstoffe mit ihnen austauschen. Damit würde ein gesunder Boden das Immunsystem der Pflanzen stärken und dafür sorgen, dass sie resistenter und nicht krank werden. Im natürlichen Humusboden betreiben die Wurzeln eine massive Oberflächenvergrößerung, vergleichbar mit dem menschlichen Darm, auf dem ebenfalls für uns lebensnotwendige Pilze leben und lebensnotwendige Dienstleistungen für uns übernehmen. Die schädigenden Mechanismen für beide Organismen (Mensch und Boden) sind Chemikalien, zum Beispiel zahlreiche Pestizide, Insektizide und Kunstdünger. Diese werden heute immer stärker eingesetzt, je weniger Humus im Boden belassen wird.

Im natürlichen Ökosystem beziehen sämtliche Pflanzen ganzheitlich die Nährstoffe aus dem Humus, die sie brauchen. Daher sollten auf unterschiedlichen Böden jeweils angepasste Pflanzenarten gepflanzt werden, um das Wachstum natürlich zu ermöglichen und nicht mit Dünger und Pflanzenschutzgiften künstlich im natürlicherweise nicht geeigneten Boden zu erzwingen. Die Pflanzen, die so gezüchtet werden, sind viel anfälliger, sodass immer mehr Chemie eingesetzt werden muss, um sie künstlich lebensfähig zu machen.

Das natürliche Ökosystem kennt und braucht keine Kunstdünger oder Gifte von Menschen. Menschlich zugeführte Kunstdünger können biologisch als Doping betrachtet werden, mit dem sich unglaublich hohe Leistungen erzielen lassen. Wie im Sport können damit kurzfristig höhere Erträge aus den Böden erwirtschaftet werden. Aber das System wird dadurch überstrapaziert, ähnlich wie beim Sportler, der seinen Körper über zehn Jahre dopt und dann Sportinvalide wird. Doch wir brauchen den Boden dauerhaft. Erst seit den 1950er-Jahren bewirken wir durch dieses Doping des chemischen Pflanzenanbaus einen langfristigen biologischen Bodenverlust.

Laut den Erkenntnissen der Wissenschaft funktioniert die flächendeckende Pflanzenernährung in den letzten Jahrzehnten nicht mehr. Aus der Grundlagenforschung wissen wir, dass Mineraldünger das komplexe Zusammenspiel zwischen der Wurzel, dem Pflanzensystem und den Mikroorganismen definitiv zerstört. Mineraldünger zerstören Mikroorganismen, zum Beispiel Mykorrhizapilze, die gebraucht werden, um Phosphor aus dem Boden zu holen und den Stickstoffhaushalt im Boden auszugleichen. Wenn Mykorrhizapilze sterben, gibt es deutlich mehr Auswaschungen des Bodens. Diese bekannten Erkenntnisse der Grundlagenforschung werden heute aber kaum in der Praxis beherzigt.

Wer möchte die chemisch erpressten Nahrungsmittel eigentlich noch zu sich nehmen – wenn er dies weiß?

Wir können den Boden zum Klimaretter machen

Die Humusschicht besteht aus Kohlenstoff, also organischen Stoffen, zum Beispiel abgestorbenen Pflanzen. Sie könnte eine riesige Kohlenstoffsenke für den massiv wirksamen Klimaschutz sein. Die UN jedoch führt 23 Prozent der menschlichen Treibhausgase auf unsere wirtschaftliche Bodennutzung zurück. Bisher konnten die industriell degradierten Ökosysteme im Zeitraum zwischen 2007 und 2016 als CO_2-Nettosenke nur 11,2 Gigatonnen CO_2 pro Jahr aufnehmen (IPCC 2020). Dieser Anteil, die gewaltige CO_2-Aufnahmekapazität des darüber hinaus gesunden Humusbodens, muss wiederhergestellt werden!

Humusböden lassen sich in zwei Kategorien unterteilen: mineralische Böden und Moorböden. In Mitteleuropa haben wir in den vergangenen

150 Jahren systematisch nahezu alle Moorgebiete und Auengebiete zerstört. Sie übertrafen in ihrer Artenvielfalt und in ihrer Fähigkeit, das klimaschädliche CO_2 zu binden, jedes andere Ökosystem. Die übrig gebliebenen, ausgetrockneten Böden enthalten heute Restanteile von Torf – jahrhundertelang unter Wasser abgelagerte organische Stoffe, die nun fortwährend zu sehr klimaschädlichem Methan vergären und aus dem Boden entweichen.

Böden können zum Klimaretter werden. In ihnen ist viermal so viel Kohlenstoff gespeichert wie in der gesamten Vegetation der Erde oder doppelt so viel wie in der Atmosphäre. Würde der Humusgehalt der landwirtschaftlich genutzten Flächen Deutschlands um nur 1 Prozent erhöht, würden der Atmosphäre 920 Millionen Tonnen CO_2 entzogen. Das entspricht dem jährlichen CO_2-Ausstoß Deutschlands.

Gemäß der französischen »4 Promille«-Initiative gilt: Wenn wir auf allen weltweit landwirtschaftlich genutzten Flächen jährlich nur 4 Promille Humus aufbauen würden, könnten wir den jährlichen CO_2-Anstieg in der Atmosphäre nahezu im Boden binden (www.4p1000.org).

Wenn wir so weitermachen und die Klimaerwärmung fortsetzen, beschleunigt auch dies den weltweit katastrophalen Verlust an Boden. Das heizt wiederum die Klima- und Erderwärmung weiter an und gefährdet nicht nur unsere Ernährung, sondern unser Überleben. Auch ein Teufelskreis.

Die Zukunft des Bodens

Schon Anfang dieses Jahrhunderts galt bereits ein Drittel des für den Pflanzenanbau genutzten Bodens als geschädigt. Jährlich gehen 24 Milliarden Tonnen Boden durch Erosion verloren, davon 970 Millionen Tonnen in der EU – Tendenz steigend. Auf intensiv genutzten Flächen in Deutschland kommt es jährlich zum Verlust von 20 Tonnen Boden pro Hektar Ackerfläche (Heinrich-Böll-Stiftung 2015).

Die Böden leiden unter Verdichtung, Monokulturen, engen Fruchtfolgen, hohem Pestizideinsatz und intensiver Düngung. Auch der großflächige Einsatz des Herbizids Glyphosat mindert die Fruchtbarkeit der Böden. Das intensive Gift greift die Bodenfauna an. Es vernichtet nicht nur »Unkraut«, sondern auch Pilze und Kleinstlebewesen im Boden und auch oberirdische Insekten sowie die weitere Nahrungskette. Der Humus, das Gold des Ackerbaus, ist auf dem Rückzug. Die Böden leiden unter Burn-out.

Immer häufiger sehen wir bei uns in Mitteleuropa Boden in Staubwolken und sogar in Windhosen, die vom vertrockneten Boden weggepustet werden. Die Strukturstabilität der Böden hat nachgelassen. Gesunde Böden werden durch Mikroorganismen zusammengehalten, sie werden durch Pilze, Wurzeln und Einzeller geradezu verklebt. Wenn diese Bodenbiologie zerstört wird, fällt dieser Zusammenhalt weg. Der Boden ist dann gegenüber Wind und auch Wasser weniger stabil. Außerdem kann er auch viel weniger Wasser speichern. Und zusätzlich verdichtet er dann sehr viel schneller, wodurch er auch die wichtige Funktion der Wasserreinigung verliert. Deshalb haben wir in Dürrezeiten auch viel weniger Wasser im Boden, was wiederum in den durch unseren Klimawandel zunehmenden Hitze- und Trockenperioden gravierende Folgen für die weitere Erosion der Böden hat. Durch unsere konventionelle Art des Landbaus verschwinden fruchtbare Böden.

Mit den Bodenverwehungen geraten große Massen von Feinstaub in die Luft, die auch wir einatmen müssen. Allein in Deutschland sterben jährlich etwa 45 000 Menschen vorzeitig an Feinstaub (Umweltbundesamt Deutschland 2017). Die toxischen Einträge durch Düngemittel, Pestizide und Herbizide wirken hier zusätzlich stark gesundheitsgefährdend, wurden sie doch konzipiert, um Pflanzen und Insekten zu töten. Es können keine Luftgrenzen um die Ackerfelder gezogen werden. Auch die Antibiotika der Massentierhaltungsgülle auf den Feldern können in unseren Lungen wie auch bei Tieren und Pflanzen weiterwirken. Das bekannte Bienensterben durch Neonikotinoide sei hier als flächendeckendes toxikologisches Beispiel genannt. Die Gefährdungen gelten für alle Lebewesen, auch für uns.

Fehlende gesetzliche Regelung des Pflanzenanbaus

Analog zu anderen EU-Ländern regelt in Deutschland das Bundes-Bodenschutzgesetz seit 1999 die Verantwortung für den Boden. Eigentlich geht es in diesem Gesetz aber vor allem um die Altlasten im Boden: Beim Pflanzenanbau wird nur eine »gute fachliche Praxis« gefordert, die nicht weiter definiert wird. Darüber hinaus werden keine klaren Ziele oder Maßnahmen für diese »gute fachliche Praxis« genannt. Diese Gesetzeslücke sollte eine geplante europäische Bodenschutzrichtlinie füllen. Im Gesetzentwurf wurden die Vorgaben bereits weitaus sorgfältiger geregelt. Eine Gruppe von Ländern unter Führung Deutschlands verhinderte jedoch 2011 eine Reform des Bodenschutzes.

Die Lebensmittelsicherheit und die Ernährungssicherheit der Böden schwinden fortwährend. Und bei Ernährung geht es nicht nur um ausreichend kalorienreiche Ernährung, die uns in utopischen alternativen Szenarien zunächst auch synthetisch hergestellte Nahrung gewährleisten soll. Durch Stickstoffphosphorkalidünger können Pflanzen zwar groß werden, doch mit dieser einseitigen Düngung bekommt die Pflanze nicht alles, was sie braucht. Es fehlen viele Spurenelemente, die dann auch unserer Gesundheit fehlen. Aber wenn wir so weitermachen, könnte dieses immer normalere Dopingverfahren noch einige Jahre auf zerstörten Böden weiter funktionieren.

Im heutigen mitteleuropäischen Biolandbau sind die Fruchterträge insgesamt quantitativ geringer. Aber sie sind nährstoffdichter, ballaststoffreicher, geschmackvoller und gesünder. Diese Qualitäten fördern umgekehrt auch den Boden, unsere Gesundheit und damit auch unsere Lebensfreude ganzheitlich. Und die Erfahrungen des Biolandbaus sollten dringend mit den aktuellen Erkenntnissen der Wissenschaft verbunden werden – für beste Lösungen für die Natur und für alle Menschen.

Bessere Lösungen

Jetzt noch einmal: Was ist Boden?

- Landwirt*in: »Der Boden sichert mein Einkommen und die Ernährung der Bevölkerung.«
- Klimaschützer*in: »Wir müssen den Boden wieder instand setzen, damit sich das Klima nicht weiter verschlechtert.«
- Artenschützer*in: »Böden müssen Systemdienstleistungen für alle Lebewesen im gesamten Ökosystem erfüllen können.«
- Gartenbauer*in: »Ich möchte einfach eine schöne Wiese, Pflanzen und gesunde Früchte haben.«
- Konsument*in: »Ich möchte leckere, gesunde Lebensmittel zu guten Preisen.«
- Natur: »…!«

Wie können wir all diese Ansprüche erfüllen?

Zielsetzungen

Der konventionell betriebene Pflanzenanbau ist gescheitert. Er kann die wachsende Weltbevölkerung nicht ernähren, sondern vernichtet zusehends den Boden. Die moderne Optimierung des konventionellen Landbaus hin zu natürlichen Anbauverfahren ist notwendig und alternativlos. Die Sicherung der Natur, gesunde Lebensmittel und das würdevolle und wirtschaftliche menschliche Überleben sollen der Gewinn sein.

»Die Vermeidung, Verringerung und Umkehrung von Desertifikation (Bodenverschlechterung/Verwüstung) würde die Bodenfruchtbarkeit verbessern, die Kohlenstoffspeicherung in Böden und Biomasse erhöhen und gleichzeitig die landwirtschaftliche Produktivität und die Ernährungssicherheit verbessern. (…) Nachhaltiges Landmanagement kann Landdegradierung verhindern und verringern, die Produktivität von Landsystemen aufrechterhalten und manchmal die negativen Folgen des Klimawandels auf die Landdegradierung umkehren und der Allgemeinheit kosteneffiziente, unmittelbare und langfristige Vorteile bringen.« (Vereinte Nationen/IPCC 2020)

Der Bioanbau ist bereits ein großer Fortschritt, doch bringt er noch nicht die gleichen Erträge wie der konventionelle Landbau in den vergangenen Jahren. Der Bioanbau wird von der Wissenschaft als weiter professionalisierbar angesehen. Mit den Erkenntnissen aus der Permakultur, mit Vielfalt, mit Agroforstsystemen (Kombination von Ackerbau, Tierhaltung und Forstwirtschaft) können die biologischen Anbaumethoden weiter verbessert werden, um die Erträge deutlich zu erhöhen und die Ökosystemleistungen wieder dauerhaft instand zu setzen.

Die Grundlagenforschung geht davon aus, dass es mit diesen Arten des natürlichen Anbaus möglich sein wird, die wachsende Weltbevölkerung zu ernähren. Allerdings steht der flächendeckende wissenschaftlich prognostizierte Praxisbeweis noch aus. Es geht jetzt um die Frage, wie wir die nun vorhandenen lebensnotwendigen wissenschaftlichen Erkenntnisse in unseren landwirtschaftlichen Systemen umsetzen können.

Die Alternative, so weiterzumachen wie bisher, wird angesichts der immer kaputteren Böden definitiv nicht funktionieren. Darüber hinaus konnte der konventionelle Anbau die Weltbevölkerung auch bisher nicht ausreichend ernähren. Dies ist bekannt, denn wir haben es in den letzten Jahrzehnten ausgereizt. Warum sollten wir uns also nicht für wissenschaftlich bessere und schönere Methoden entscheiden?

Zeit für Neues und Besseres – oder kommt uns dies bekannt vor? Können wir uns noch an die alten familiengeführten Bauernhöfe erinnern? Mit kleinen, vielfältigen Feldern, Bäumen, Tieren, die man noch gesehen hat: schöne Landschaften und gesunde Böden in einer neuen Professionalität. Echte Lebensqualität. Vielleicht entsteht eine moderne Mischung auf der Grundlage des heutigen Wissens. Solidarische Landwirtschaftssubventionen sollten diesem Gemeinwohl dienen.

Der Übergang: Modernisierung des Konventionellen

Nicht nur existenziell, sondern auch volkswirtschaftlich hat unser konventionelles Landwirtschaftssystem eine schlechte Bilanz. Auch für unsere Bauern rechnet es sich nicht. Insider wissen, dass man nicht mit der Landwirtschaft, sondern an der Landwirtschaft verdient: Es rechnet sich vor allem für die Chemie- und die Futtermittelindustrie. Jeder sollte wissen, was schädlich ist und wie wir den Pflanzenanbau naturschonender gestalten können.

Politik

Wir benötigen dringend eine Landwirtschaftspolitik, die diese Grundlagen anerkennt, vorausdenkt, erklärt und entsprechend agiert. Es darf nicht mehr die Aufgabe der/des Verbrauchers*in sein, sich bei allen Produkten mit dem Mangel an Transparenz auseinanderzusetzen, zu entscheiden, was nachhaltig und gesund ist und was nicht, um naturschonende Produkte kaufen zu können. Es ist vielmehr das Mindestrecht des/der Konsument*in, Produkte kaufen zu können, die der Natur nicht schaden – und über die bedrohlichen ökologischen Entwicklungen unserer Nahrungsgrundlagen aufgeklärt zu werden. Die Umsetzung der Rahmenregeln nach dem besten Wissen hierfür ist die dringendste Gemeinwohlaufgabe des Staates. Diese Erkenntnis der großen Verantwortung und ihre praktische Umsetzung sind von der Politik dringend in die Hand zu nehmen.

Ebenso sollte das Bodenschutzgesetz reformiert werden, damit es die Naturbedingungen anerkennt und die Natur als gesamtheitliche Existenzgrundlage mit konkreten Regeln sichert. Zudem sollten die bestehenden Regelungen, für Bauvorhaben Ausgleichsflächen zu schaffen, modernisiert werden, damit die weitere Schädigung von Natur verhindert und konsequent zumindest gleichwertiger Ersatz geschaffen wird.

Es sollten mehr trockengelegte Moorgebiete wiedervernässt werden, um sie als hochgradige Biodiversitäts- und Wasserspeicher für die umliegende Natur – also auch für benachbarte Landwirtschaftsflächen – nutzbar zu machen und um deren starke Klimaschädigung durch weitere Torfzersetzung zu beenden. Sie sind nicht als austauschbare Flächen, sondern als einzigartiges Welterbe und als paradiesische Natur- und Gemeinwohlwerte zu begreifen.

Flächendeckend sollten die Aufklärungsmaßnahmen und Kontrollen zum Recyclingsystem Biomüll erfolgen, damit keine »Fehlwürfe« von Plastik im Biomüll – und damit später als Mikroplastikkompost auf den Äckern – landen. Das Wissen in der Bevölkerung muss hier verstärkt werden, denn die Recyclingverfahren reichen nicht aus, um das Mikroplastik aus dem Biomüll zu filtern.

Bauern sollten für die Umsetzung naturerhaltender Anbaumethoden finanzielle Sicherheiten erhalten, denn sie sind auch Unternehmer. Bauern müssen Bewahrer der lebensnotwendigen Ökosystemdienstleistungen werden. Dies ist eine ihrer wichtigsten Funktionen in unserem Gemeinwesen, die auch wir Konsumenten kennenlernen sollten, um sie wertschätzen und in unseren Kaufentscheidungen einsetzen zu können.

Bäuerinnen/Bauern

Wir sollten die Bäuerinnen und Bauern ansprechen und für einen besseren Pflanzenanbau begeistern. Die gerade dargelegten Fakten und Entwicklungen machen die Fehlentwicklungen der vergangenen Jahrzehnte deutlich und bessere Lösungen dringend notwendig. Systematisch wurde seit 1950 weltweit eine »industrielle Schule« eingesetzt, die bis heute ganz klar in die falsche Richtung geführt hat. Die heutigen maßgeblichen EU-Agrarsubventionen, die vor allem die größten Wirtschaftsbetriebe und damit vor allem deren weiteres Wachstum fördern, offenbaren ein von Oligopolisierung und weiterer Industrialisierung geprägtes System, unter dem alle kleineren Bäuerinnen/Bauern und ihre Familien sowie der Boden leiden. In der gesamten EU und auch weltweit gibt es immer weniger kleinere Bäuerinnen/Bauern. Dabei werden große Wirtschaftsbetriebe wegen ihrer hohen Fixkosten für biologische Veränderungen immer unbeweglicher.

Es braucht einen modernen, wissenschaftsbasierten Wissensaufbau zur Sicherung des Bodens und für den Pflanzenanbau. Dabei sollten die modernen wissenschaftlichen Erkenntnisse der Grundlagenforschung, der Permakultur und der Renaturierung der Böden mit den Erfahrungen des Biolandbaus und auch des konventionellen Landbaus verbunden werden, um das System der gesamten Bodennutzung dauerhaft zu modernisieren. Ziel sollte sein, Pflanzen biologisch, also ohne Chemiestoffe, zu nutzen.

Pflanzen sollten dort angepflanzt werden, wo sie am besten wachsen – saisonal und regional, vor allem für die jeweilige regionale Bevölkerung. Fleisch sollte aus biologisch artgerechter Haltung kommen. Auch hier gilt: Je intakter der Boden, von dem die Tiere die Pflanzen fressen, desto gesünder ist auch ihr Fleisch. Gleichzeitig ist eine Einschränkung der Tierhaltung und des Fleischkonsums alternativlos – für unsere Gesundheit, zur Minderung des massiven Landverbrauchs für die Fleischproduktion (es werden viel zu viele Pflanzen und zu viel Wasser für Tierfutter verbraucht), zur Minderung der Klimaerwärmung durch die Fleischproduktion sowie zur Linderung der unsäglichen Tierhaltung.

Damit die lebensspendende Humusschicht wieder aufgebaut wird, müssen die Böden kontinuierlich mit Pflanzenmaterial »gefüttert« werden, zum Beispiel durch den Anbau einer Zwischenfrucht nach der Getreideernte im Sommer, die bis zum Frühling vor der nächsten Erntesaat stehen bleibt. Generell sollten vielfältige Fruchtfolgen einen fortschreitenden Humusaufbau fördern. Pflanzen, die viele Nährstoffe verbrauchen, sollten auf Pflanzen folgen, die weniger Nährstoffe benötigen und diese dem Boden sogar wieder zuführen.

Bei der Heilung der Böden helfen auch Biostimulanzien wie etwa Pflanzenextrakte, Vitamine und Bodenbakterien. Viele Pflanzen, darunter auch Cannabis, sind in der Lage, Böden von Schwermetallen, die durch Kunstdünger zugesetzt wurden, zu entgiften. Bestimmte Bakterien und Pilze können dem Boden Erdöl, ebenfalls Bestandteil vieler Kunstdünger, entziehen und Pflanzenwurzeln und Fadenwürmer vor Schädlingen schützen.

Das Wissen über den Boden muss stärker verbreitet werden.

Vielleicht ist Waldboden das Faszinierendste, was man in die Hand nehmen und spüren kann. Die meisten kennen dieses Selbstverständlichste oder Natürlichste kaum noch. Man schätzt und schützt etwas erst dann, wenn man es kennt. Die Bildung einer emotionalen Beziehung zur Natur ist grundlegend für die Kraft und die Leidenschaft, für die Natur einzustehen. Man nennt es Achtsamkeit oder die Erkenntnis, dass auch wir Teil der Natur sind, die uns diese Kraft gibt. Nichts gibt mehr Kraft als die Natur, denn nichts ist mehr von wahrer und perfekter Schönheit.

Achte darauf, dass kein Plastik in deinen Biomüll kommt, denn es würde mit dem Kompost in der Natur landen. Achte darauf, dass du keine Blumenerde kaufst, in der Torf (aus Mooren) ist. Achte auf einen natürlichen Anbau in deinem Garten, auf deinem Balkon oder auf einer Freifläche deiner Straße. Auch Nachbarn sowie Insekten und Vögel wird dies freuen. Lasse Natur und Wachstum zu, nutze und genieße ihre Schönheit, Gesundheit und Schatten. Blumen, Sträucher und Bäume können Mauern, Zäune und Sichtschutz natürlich ersetzen. Wiesen und Rasenflächen sind doch auch viel schöner als Plastikrasen in Sportvereinen. Warum sollte Natur ersetzt werden? Was ist denn besser?

Kaufe deine Lebensmittel aus natürlichem Anbau und aus deiner Region (geringer Transportaufwand – geringe CO_2-Emissionen). Schau dich doch mal in deiner Gegend um, welche Händler*innen/Läden/Wochenmärkte/Unverpackt-Läden/Hofbauern/-bäuerinnen besonders naturfreundlich sind und gesunde Lebensmittel anbieten. Ihnen kannst du dein Geld geben, um damit das naturschonende und gesunde Pflanzenanbauen und Wirtschaften zu fördern.

Achte darauf, deine Lebensmittel möglichst ohne Verpackungsmüll, insbesondere ohne Plastik, zu kaufen.

Und das vielleicht Wichtigste: Bitte gib diese Informationen weiter. Je mehr mitmachen, desto größer ist der Natur- und Selbstschutz. Und desto mehr Raum können wir der Natur zurückgeben. Die tatsächliche Transformation unserer Art des Wirtschaftens wird erst mit einem Wissensaufbau und dann mit einem Kulturwandel beginnen.

»Es versteht sich von selbst, dass Bodenverbesserung die wichtigste Sache ist. Wenn wir chemischen Dünger benutzen, wachsen die Bäume höher, aber die Erde laugt Jahr für Jahr mehr aus. Chemische Dünger entziehen der Erde ihre Vitalität. Wenn sie nur eine Generation lang verwendet werden, leidet die Erde stark darunter«, sagt Masanobu Fukuoka, Träger des Ramon-Magsaysay-Preises – des asiatischen »Friedensnobelpreises« – und Vordenker der Permakultur. Er bezeichnet seine Landwirtschaftsmethode als »Nichts-Tun-Landwirtschaft«.

Quellenangaben

Beste, Andrea; 3sat/Nano (2018): Boden-Burnout. https://www.3sat.de/wissen/nano/boden-burnout-100.html, abgerufen am 18.06.2023.

Bundesministerium für Ernährung und Landwirtschaft Deutschland; Pfiffner, L. (2013): Dossier Regenwurm, in: Regenwürmer als Indikator für die Bodenfruchtbarkeit. https://www.bmel.de/DE/themen/landwirtschaft/pflanzenbau/bodenschutz/bodentiere-regenwuermer.html, abgerufen am 18.06.2023.

Heinrich-Böll-Stiftung et al. (2015): Bodenatlas. Daten und Fakten über Acker, Land und Erde 2015. https://www.boell.de/sites/default/files/bodenatlas2015_iv.pdf?dimension1=ds_bodenatlas, abgerufen am 18.06.2023.

IEEP/Institute for European Environmental Policy (2018): iSQAPER: Exploring plastic pollution in soil. https://ieep.eu/news/isqaper-exploring-plastic-pollution-in-soil, abgerufen am 17.06.2023.

IPCC/Intergovernmental Panel on Climate Change (2020): IPCC-Sonderbericht über Klimawandel und Landsysteme (SRCCL). https://www.de-ipcc.de/media/content/Hauptaussagen_SRCCL.pdf, abgerufen am 17.06.2023.

Lowenhaupt Tsing, Anna (2018): Der Pilz am Ende der Welt. Über das Leben in den Ruinen des Kapitalismus. Berlin.

Scobel/3sat (2021): Lebensraum Boden. https://www.3sat.de/wissen/scobel/scobel--schutz-fuer-das-oekosystem-boden-100.html, abgerufen am 17.06.2023.

Scobel/3sat (2021a): Pilze. Die biologische Wunderwaffe. https://www.3sat.de/wissen/scobel/scobel---pilze-die-biologische-wunderwaffe-100.html, abgerufen am 17.06.2023.

Umweltbundesamt Deutschland (2017): Gesundheitsrisiken durch Feinstaub. https://www.umweltbundesamt.de/daten/umwelt-gesundheit/gesundheitsrisiken-durch-feinstaub#ermittlung-der-feinstaubbelastung-exposition-am-wohnort, abgerufen am 17.06.2023.

Umweltbundesamt Deutschland (2020): Bodenversiegelung. https://www.umweltbundesamt.de/daten/flaeche-boden-land-oekosysteme/boden/bodenversiegelung#was-ist-bodenversiegelung, abgerufen am 17.06.2023.

United Nations/Scientific American (2014): Only 60 Years of Farming Left If Soil Degradation Continues. Vereinte Nationen, Abteilung Ernährung und Landwirtschaft. https://www.scientificamerican.com/article/only-60-years-of-farming-left-if-soil-degradation-continues/, abgerufen am 17.06.2023.

Zweites Deutsches Fernsehen (2019): Vermüllt und verseucht – Böden in Gefahr. https://www.zdf.de/dokumentation/planet-e/planet-e-vermuellt-und-verseucht---boeden-in-gefahr-100.html, abgerufen am 18.08.2023.

Weiterführende Verweise

3sat/Nano (2018): Boden-Burnout. Noch 60 Ernten, dann ist Schluss, sagt eine Studie der Vereinten Nationen. Der Grund: erodierte Böden. Auch in Europa. Was tun? https://www.3sat.de/wissen/nano/boden-burnout-100.html, abgerufen am 17.06.2023.

Unsere Plastikflut

Ein Erfinder hat einen wahrhaften »Kunststoff« aus Erdöl hergestellt – multifunktional und billig. Damit erschließt er die Massenmärkte. Sein Kunststoff wurde aber weltweit zu einem Hauptschädigungsstoff für die Natur und für unsere Gesundheit. Was soll er nun tun?

Herausforderung

Überall auf der Erde, auch an den entlegensten Orten, den Polen und in allen Meeren (70 Prozent der Erdoberfläche), lagert immer mehr Plastik. Neben der Schifffahrt und der Fischerei ist der Eintrag über Flüsse die Hauptursache dafür. Es dauert mehrere Jahrhunderte bis tausend Jahre, bis Plastik in der Natur abgebaut sein wird. Wegen seiner gigantischen Masse, seiner Langlebigkeit und seiner verschiedenen Auswirkungen in der Natur und für unsere Gesundheit hat sich Plastik zu einer der größten Bedrohungen für das gesamte Ökosystem und für uns entwickelt. Angelschnüre oder Fischernetze benötigen über 600 Jahre, um sich zu zersetzen, Plastikflaschen über 450 Jahre.

Seit den 1950er-Jahren haben wir 8 Milliarden Tonnen Plastik produziert. Davon endeten über 6 Milliarden Tonnen als Müll. Nur 9 Prozent davon wurden recycelt, und 12 Prozent wurden für Energiegewinnung verbrannt, was zur Erwärmung der Erde und des Klimas führt. Fast 80 Prozent des Plastiks sind in Mülldeponien oder in der Natur gelandet. Bis 2030 wird ein weiterer Anstieg des weltweiten Plastikabfalls um weitere 80 Prozent erwartet (Scobel 2019).

150 Millionen Tonnen Plastik schwimmen heute bereits im Meer. Jährlich kommen rund 10 Millionen Tonnen Plastikmüll hinzu (WWF 2020). Durchschnittlich 13 000 Plastikmüllpartikel treiben auf jedem Quadratkilometer Meeresoberfläche (Deutsches Umweltbundesamt 2015). Fische, Meeressäuger und Vögel verenden qualvoll, wenn sie es fressen oder daran hängen bleiben. Schätzungsweise 135 000 Meeressäuger und 1 000 000 Meeresvögel sterben jährlich durch unser Plastik (NABU 2021).

Es gibt bereits fünf riesige Meereswirbel in den Zentren der Ozeane, in denen sich gigantische Müllteppiche ansammeln. Der »Great Pacific Garbage Patch« im Nordpazifik hat mittlerweile die Größe Mitteleuropas erreicht. Zwischen diesen Meereswirbeln bewegen die Meeresströmungen das Plastik umher.

Dauerhaft verteilt sich das Plastik auch auf die Meeresböden, wo es sich langsam zu Mikroplastik zersetzt. Dadurch werden Weichmacher des Plastiks, häufig Phthalate, freigesetzt, mit schädlichen Auswirkungen für Pflanzen, Tiere und Menschen. Zudem haben Mikroplastikpartikel die Eigenschaft, toxische Schadstoffe zu binden, unter anderem die mittlerweile auch weitverbreiteten Insektizide und Pestizide. Die Mikroplastikpartikel werden von den Lebewesen in den Gewässern aufgenommen und gelangen in die Nahrungskreisläufe und damit auch auf unsere Teller, denn die Mikroplastikpartikel und die ihnen zugesetzten Chemikalien vergiften Fische und Meeresfrüchte. Sie gelangen nicht nur in ihre Mägen und Gedärme, sondern durch ihren Stoffwechsel in ihren gesamten Körper.

Wenn wir so weitermachen, wird es 2050 mehr Plastik als Fische im Meer geben (Jambeck 2010). Dies wird extreme Auswirkungen auf unsere Überlebenschancen haben, weil dann das Ökosystem der Meere stirbt.

Aber nicht nur das Plastik in der »Endlagerstätte« Meer ist gesundheitsschädlich. Plastikpartikel und die bei der Plastikherstellung verwendeten giftigen Chemikalien finden sich in der Atemluft, im Trinkwasser und im Boden. Dies schädigt unser Immun- und Reproduktionssystem, die Leber und die Nieren und kann Krebs erzeugen.

Um die Zusammenhänge der Auswirkungen unserer Plastik-Massenprodukte zu verstehen, betrachten wir nun die Wege unseres Kunststoffs Plastik.

Was ist Plastik?

Erst vor 150 Jahren wurde dieses Material erfunden. Heute ist Plastik für uns völlig normal. Dank seiner Formbarkeit, Härte oder Elastizität, Temperatur- und chemischen Beständigkeit finden wir es schlicht überall: in Verpackungen, Elektrogeräten, Textilien, Wärmedämmung, Isolierungen, Rohren, Bodenbelägen, Fenstern, Türen, Möbeln, Lacken, Klebstoffen, Kosmetik, Autos, Reifen, Spargelfeldabdeckungen, Gewächshäusern, Kaugummis und pharmazeutischen Produkten bis hin zu den weltweiten Corona-Selbsttests.

Plastik ist ein ganz normales Massenprodukt geworden – es ist praktisch überall.

Zulasten der Natur geht dabei, dass Plastik zumeist aus Erdöl mit großen Kollateralschäden für das Ökosystem hergestellt wird. Außerdem wird Plastik häufig nur sehr kurz genutzt und viel zu selten recycelt. Es gelangt zumeist klimaschädigend durch Verbrennung als CO_2 oder als Abfall in die Natur.

Gerade als Verpackung wird Plastik massenhaft nur sehr kurz benutzt und schnell »entsorgt«. Das betrifft zum Beispiel die Plastikverpackungen von Büchern, Obst, Gemüse, Joghurt, Fleisch, Plastikflaschen, Auto-Transportschutzplastik, Transportspannfolien für Palettenware, Plastiktüten, Hundekotbeutel etc. 2016 fielen in Deutschland bereits 18 Millionen Tonnen Verpackungsabfall an, das entsprach 220 Kilogramm pro Einwohner (Umweltbundesamt Deutschland 2018) – mit weiter steigender Tendenz: 2020 waren es schon 228 Kilogramm pro Einwohner (Umweltbundesamt Deutschland 2022).

In welchen Produkten ist denn heute kein Plastik? Schau dich nur einmal um. Wie viel Plastik siehst du?

Die Erfindung des Plastiks

Im 17. und 18. Jahrhundert wurde der milchige Baumsaft Kautschuk in Malaysia und Brasilien entdeckt. Zunächst wurden daraus Gummihandschuhe gefertigt, seit Mitte des 19. Jahrhunderts entwickelte sich eine rasch wachsende Gummiindustrie. Naturkautschuk (Latex) ist genießbar und schmeckt angenehm, ähnlich wie süßer Rahm.

Aber erst die Entdeckung des Erdöls, des »schwarzen Goldes«, machte die industriell massenhafte Entwicklung von Kunststoffen möglich. Auch der natürliche Baumkautschuk wurde weitgehend durch aus Erdöl hergestellten, billigeren Synthesekautschuk ersetzt. Erdöl wird in gigantischen Mengen als Hauptenergieträger für die Verbrennung als Kraftstoff und für Wärme sowie für unseren Straßenbau (Bindemittel Bitumen aus Erdöl) eingesetzt – und als Grundstoff für unser Plastik.

Erdöl entstand im Laufe von Millionen Jahren aus den Ablagerungen von Biomasse – Pflanzen, Tiere und Menschen – in der Erde. Mit großem Aufwand und großen Kollateralschäden für die Natur wird es in allen Erdteilen aus großen Tiefen gefördert. Weil wir das Erdöl immer mehr ausgebeutet und verbrannt haben, wird es allmählich knapp und dann auch voraussichtlich teurer. So lohnt es sich finanziell immer mehr, schwieriger zugängliche Ölvorkommen mit sogar noch viel naturschädlicheren, aber legalen Verfahren (zum Beispiel Fracking oder Gewinnung von Erdöl aus Teersand) aus den Böden zu pressen. Das Erdöl wird in Raffinerien zu Gasen, Benzin oder zu Ethylen und Propylen – den Grundstoffen für Plastik – weiterverarbeitet. Heute bestehen sehr viele chemische Produkte aus Erdöl oder Erdgas: Plastik, Farbstoffe, Arzneimittel, Waschmittel und vieles mehr. Erdöl ist in unserem Alltag zu einem ständigen Begleiter geworden – in gigantischen Mengen:

- Eine 250-Milliliter-Shampooflasche enthält 1,1 Liter Erdöl.
- Eine 75-Milliliter-PET-Flasche enthält 0,3 Liter Erdöl.
- In einer Zahnbürste stecken 0,2 Liter Erdöl.
- In der Pelle einer 400 Gramm schweren Wurst stecken 0,15 Liter Erdöl.
- Und wir kauen Erdöl sogar in Form von Kaugummis.

1835 wurde Vinylchlorid entwickelt, aus dem sich Polyvinylchlorid (PVC) und damit Schallplatten herstellen ließen. Jeder kennt Schallplatten, die sehr hart sind und beim Biegen leicht brechen. Um diesen Kunststoff weicher zu machen und ihn dann für weitere Zwecke einsetzen zu können, wurden Additive und Weichmacher mit dem Plastik vermischt: so etwa Blei, Cadmium, Zinn, Barium, Zink, Calcium, Aluminium, Phthalate, Bisphenol A, Chlorparaffine und Phosphorsäureester etc.

Phthalate, Bisphenol A und die in PVC enthaltenen Organozinnverbindungen gelten als hormonell wirksam. Sie mindern nachweislich die Fortpflanzungs- und Überlebensrate von Tieren (Umweltbundesamt 2005). Zu den Auswirkungen der Additive und Weichmacher auf unsere Gesundheit und die Natur erhältst du in der Folge einen Überblick.

Anfang des 20. Jahrhunderts wurde die Multipolymerchemie entwickelt. Der Chemiker Hermann Staudinger entdeckte, dass Kunststoffe aus vielfältig verbundenen, langkettigen Molekülen entwickelt werden können. 1953 erhielt er hierfür den Nobelpreis. Er verhalf dem Plastik zum rasanten weltweiten Durchbruch.

Jetzt müssen wir einige chemische Sachverhalte darlegen, um die Auswirkungen der verschiedenen Plastikstoffe weiterverfolgen zu können. Dieses Kapitel klärt auf über die chemische Komplexität unserer häufigsten

Gebrauchsgegenstände, der vielfältigen Plastikarten, die wiederum eine hohe Vielfalt weiterer und immer wieder neuer chemischer Beimischungen enthalten. Denn als Konsument*innen, die keine Chemiker*innen sind, wissen wir viel zu wenig von den teils schädlichen gesundheitlichen Auswirkungen der überdies nicht (!) in den Produktverpackungen angegebenen Substanzen. Daher ist echter Verbraucher*innen- und Naturschutz so wichtig.

Die Hauptarten des Plastiks

Heute gibt es eine Vielzahl von Plastikarten, die sich in drei Gruppen ordnen lassen.

1. DUROPLASTE

Duroplaste (*duros* = hart) bestehen aus engmaschig vernetzten Molekülketten (Polymeren). Sie entstehen in einem Härtungsprozess und gehen zumeist durch Erhitzung eine irreversible Vernetzungsreaktion ein. Duroplaste sind meist hart, spröde und auch bei erhöhten Temperaturen sehr beständig. Unabhängig von der Temperatur sind sie immer hart. Bei Überhitzung verbrennen sie. Sie können nicht verformt oder geschweißt werden. Sie können aber gesägt, gebohrt, gefräst oder geklebt werden. Sie sind weitestgehend lösungsmittelresistent.

Produktbeispiele:

- Haushalt: Topfgriffe, Herdleisten, Bügeleisenhitzeschild
- Fahrzeuge: Karosserieteile, Bremsbeläge, Motorraumanwendungen (Riemenscheiben, Wasserpumpengehäuse, Ansaugstutzen), Reflektoren/ Scheinwerfer
- Schutzhelme
- Bauwesen: Gehäuse elektronischer Bauelemente, Kabelbahnen, Leitungsschutzschalter

2. THERMOPLASTE

Thermoplaste sind Kunststoffe, die wie ein Vlies aus langen linearen Molekülen bestehen. Bei niedrigen Temperaturen sind sie hart. Durch Erwärmung werden diese Materialien beliebig weich, formbar, und bei sehr hohen Temperaturen können sie schmelzen. Sie können durch Umformverfahren in die gewünschte Form gebracht werden. Thermoplaste sind warm verformbar sowie schweißbar (kalt schweißbar mit Quellschweißmittel). Sie können gebohrt, gesägt oder gefräst werden.

Die meisten der heute verwendeten Kunststoffarten fallen unter diese Gruppe: Polyethylen, Polypropylen, Polykarbonat, Polystyrol, Polyester, Polyvinylchlorid, Polyethylenterephthalat (PET), Polyamid/Nylon, Polyester (kann auch ein Duroplast sein), Polystyrol/Styropor, Polytetrafluorethylen/Teflon.

Produktbeispiele:

- Konsumwaren: Spielzeug, Babyflaschen, Mikrowellengeschirr, Getränkekästen, Kunstleder, Kühlboxen, CDs und DVDs
- Verpackungen: Tüten, Folien, Joghurtbecher, Lebensmittel- und Kosmetikverpackungen
- Getränkeflaschen
- Beschichtungen von Pfannen und Töpfen, zum Beispiel Teflon
- technische Teile in der Automobil- und Elektroindustrie
- Bauindustrie: Abflussrohre, Fensterprofile, Bodenbeläge, Dichtungen, Schläuche, Gehäuse, Schalter
- Fischernetze, Fallschirme, Seidenstrumpfhosen

3. ELASTOMERE

Elastomere bestehen aus weitmaschig vernetzten Polymeren und sind deshalb flexibel. Die Weitmaschigkeit erlaubt unter Zugbelastung eine Streckung des Materials. Diese Eigenschaft ist von der Temperatur unabhängig, denn Elastomere sind dauerelastisch. Durch Druck oder Dehnung können sie ihre Form kurzzeitig verändern, um anschließend ihre ursprüngliche Form schnell wieder anzunehmen. Sie werden beim Erwärmen nicht weich und sind in den meisten Lösemitteln nicht löslich.

Produktbeispiele:

- Zu den Elastomeren gehören alle Arten von vernetztem Kautschuk. Die Vernetzung erfolgt beispielsweise durch Vulkanisation mit Schwefel, mittels Peroxiden, Metalloxiden oder Bestrahlung.
- Elastomere werden häufig für Reifen verwendet, gleichfalls für sonstige Gummiartikel wie Chemikalienhandschuhe, Hygieneartikel, Dichtungen, Gummibänder.

In dieser Reihenfolge – von hart zu weich – folgt nun der Schaumstoff Polyurethan (PUR oder PU-Schaum). Er ist bis heute der einzige Kunststoff, der Thermoplast, Elastomer oder Duroplast sein kann. Polyurethane entstehen durch die chemische Reaktion mit Alkoholen und Isocyanaten. PUR werden als Weich- oder Hartschaum eingesetzt, im Baubereich wie auch für Schaumstoffmatratzen, Autositze, Sitzmöbel, Küchenschwämme, als Formmassen zum Formpressen, als Gießharze (Isocyanat-Harze), als Lacke und als Klebstoffe sowie als elastische Faserstoffe in unseren Textilien (Elastan).

Eigentlich ist Plastik als Kunststoff eine tolle Erfindung, denn es lässt sich kostengünstig und multifunktional nahezu überall einsetzen. Wenn es nur nicht derart der Natur und unserer Gesundheit schaden würde. Die heutigen überaus mannigfachen Plastikstoffe sind Cocktails vielfältiger und häufig neu entwickelter Chemikalien, zumeist aus Erdöl, Additiven und Weichmachern – mit Auswirkungen, die du kennen solltest, um dann die für dich passenden gesundheitlich unbedenklichen und naturschonenderen Produkte auswählen zu können.

Auswirkungen auf unsere Gesundheit

Um das ursprünglich spröde Plastik weich, biegsam und dehnbar zu machen, werden dem Kunststoff Weichmacher zugefügt. Man mischt sie heute ganz normal in eine Vielzahl von Kleidungsstücken (Textilien, Turnschuhsohlen, Gummistiefel werden damit dehnbarer, griffiger und geschmeidiger), in Kosmetikartikel (zum Beispiel Shampoo, Sonnencreme, Nagellack), Umverpackungen von Lebensmitteln, Lacke, Anstrich- und Beschichtungsmittel, Dichtungsmassen, Kautschuk- und Gummiartikel, Klebstoffe und viele weitere Produkte aus Weich-PVC. Sie kommen in direkten Kontakt mit uns oder mit unserer Nahrung und unseren Getränken. Weichmacher, sogenannte Phthalate, haben hormonähnliche Eigenschaften und können zu Allergien, Übergewicht und Unfruchtbarkeit führen.

Phthalate dünsten mit der Zeit aus dem Plastik aus. Sie reichern sich in der Raumluft und im Hausstaub wie auch in unserer Nahrung an. Da Phthalate fettlöslich sind, können sie bei der Herstellung und aus der Verpackung in Nahrungsmittel übergehen, beispielsweise in Wurst, Käse, Speiseöl. Je fetthaltiger unsere Speisen sind, desto mehr nehmen sie die Phthalate aus dem Plastik auf.

Weichmacher können in beachtlichem Umfang mit der Nahrung aufgenommen werden. Die direkte Aufnahme über die Haut ist besonders bei den kurzkettigen Phthalatestern ausgeprägt. Deshalb werden heute vermehrt längerkettige Phthalate wie Diisononylphthalat und Diisodecylphthalat genutzt. Diese sind nach EU-Kriterien nicht kennzeichnungspflichtig, denn sie gelten als »weniger schädlich für die menschliche Gesundheit«.

Um die gewünschten Plastikprodukteigenschaften zu erreichen, kombinieren Hersteller häufig verschiedene Arten von Weichmachern, unter anderem Chlorparaffine, Phosphorsäureester, Fettsäureester, Hydroxycarbonsäureester oder Polyester. Einige der in diesen Weichmachern enthaltenen Stoffe sind hinsichtlich ihrer Wirkungen auf Mensch oder Umwelt »bedenklich«. Das Umweltbundesamt Deutschland schätzt, dass ihre Anwendungsmengen zukünftig weiter steigen können.

Als Weichmacher setzt die Industrie sehr unterschiedliche Stoffe ein. Mengenmäßig überwiegen gegenwärtig noch schwerflüchtige Phthalsäureester. Es können aber auch Weichharze, ölartige Stoffe oder Naturstoffe wie Kampfer, Rizinusöl oder Zitrate genutzt werden. Bis(2-ethylhexyl)phthalat (auch Diethylhexylphthalat, DEHP) ist als Weichmacher für PVC noch in großen Mengen und in sehr vielen Produkten des Alltags im Einsatz, zum Beispiel in zahlreichen Medizinprodukten, darunter Infusionsschläuchen und Magensonden. Hingegen sind mittlerweile in Spielzeug für Kinder Weichmacher verboten (Umweltbundesamt Deutschland 2014).

Ein Selbsttest

Nimm eine handelsübliche Plastikflasche Wasser, öffne den Verschluss, und schließe die Flasche wieder, lass sie über Nacht stehen und fülle am nächsten Tag das Wasser in ein Glas. Was schmeckst du? Es ist nicht nur das Wasser, es ist ein Beigeschmack des Plastiks, oder? Und »es« ist im Wasser!

In einer Untersuchung von Polyethylenterephthalat-(PET-)Plastikflaschen verschiedener Hersteller »zeigte ein Teil der Proben in einem In-vitro-Testsystem die Anwesenheit nicht näher identifizierter Substanzen mit hormonartiger Wirkung an« (Universität Frankfurt am Main 2019).

Die Stellungnahme des Deutschen Bundesinstituts für Risikobewertung lautet wie folgt: »Dem Deutschen Bundesinstitut für Risikobewertung, BfR, sind keine bei der PET-Herstellung eingesetzten Substanzen bekannt, die in das Mineralwasser übergehen und für die östrogenartige Aktivität in den Proben aus PET-Flaschen verantwortlich sein könnten. Es ist bekannt, dass zum Beispiel in Kunststoffen wie PVC bestimmte Weichmacher verwendet werden, die sich als endokrine Modulatoren erwiesen haben. (Anmerkung: Endokrine Modulatoren sind Stoffe, die, wenn sie in den Körper gelangen, bereits in geringsten Mengen durch Veränderung des Hormonsystems die Gesundheit schädigen können.) Für die Herstellung von PET werden jedoch derartige Weichmacher nicht verwendet.

Die Ergebnisse der Studie werfen daher primär Fragen hinsichtlich der wirksamen Substanzen selbst und deren Herkunft auf. Diese können auf der Grundlage der vorliegenden Daten aus der Studie jedoch nicht beantwortet werden. (…) Grundsätzlich hält das BfR östrogenartige Wirkungen durch Mineralwässer für problematisch. Aus Sicht des BfR ist eine Bestätigung der vorliegenden Testergebnisse allerdings erforderlich. Für eine rationale Bewertung der beobachteten Effekte wäre darüber hinaus jedoch vor allem die Identifizierung der verantwortlichen Kontaminanten und die analytische Bestimmung der vorhandenen Konzentrationen von vorrangiger Bedeutung.« So das Bundesinstitut für Risikoforschung Deutschland (2009).

Neuere Untersuchungsergebnisse hierzu liegen jedoch nicht vor.

Das deutsche Umweltbundesamt fand in untersuchten Proben der vergangenen 15 Jahre zahlreiche Weichmacher, darunter auch bereits verbotene Stoffe. Besonders belastet sind Personen, die sehr viel Fast Food und Fertiggerichte zu sich nehmen, und Kinder, denn im Verhältnis zum Körpergewicht essen, trinken und atmen sie mehr Weichmacher als Erwachsene ein, weshalb die Belastung im Durchschnitt zwei- bis fünfmal höher ist.

Auswirkungen auf den Hormonhaushalt

In unserem Körper wirken Weichmacher wie Hormone. Bei Kindern wirken sie sich auf die sexuelle Reifung aus. Hierfür reichen schon geringe Mengen: Die Wirkung der verschiedenen Substanzen in unseren heutigen vielfältigen Plastikstoffen summiert sich und kann das Hormonsystem aus seinem Gleichgewicht bringen. Erkrankungen wie bestimmte Tumore, Übergewicht, Diabetes und Herz-Kreislauf-Erkrankungen sind kausale Folgen.

Auswirkungen auf das Immunsystem

Forscher am Helmholtz-Zentrum für Umweltforschung ermittelten bei schwangeren Frauen die Phthalatbelastung und untersuchten später ihre Kinder. Das Ergebnis: Kinder, deren Mütter in der Schwangerschaft einer höheren Konzentration an Weichmachern ausgesetzt waren, erkrankten häufiger an Neurodermitis. Im Blut dieser untersuchten Kinder fanden Forscher weniger Immunzellen. Insbesondere fehlten Zellen, die eine Überaktivierung des Immunsystems verhindern. Die Kinder hatten also keinen ausreichenden Schutz vor der Entwicklung von Allergien. Ihr Immunsystem war durch Plastikeinwirkungen geschwächt worden.

Auswirkungen auf das Erbgut

In Tierversuchen zeigten Forscher, dass Phthalate sich bei jungen Mäusen sogar auf das Erbgut auswirken: Der Weichmacher hemmte die Aktivität eines bestimmten Gens. Dadurch war das Risiko für eine Allergie oder allergisches Asthma deutlich erhöht (NDR 2020).

Auswirkungen über die Atemluft

Bedeutende Quellen für Weichmacher in der Innenraumluft und im Hausstaub sind unter anderem Fußbodenbeläge, Handläufe, Tür- und Fensterdichtungen, die Hart- oder Weich-PVC enthalten, Elektrokabel, manche Möbel, die unter Verwendung phthalathaltiger Kleber oder Farben hergestellt worden sind, Einrichtungsgegenstände, Badewannen- und Duscheinlagen sowie Duschvorhänge.

HIER DIE ZITIERTEN EINSCHÄTZUNGEN DES DEUTSCHEN BUNDESINSTITUTS FÜR RISIKOBEWERTUNG UND DES UMWELTBUNDESAMTES

»Es gibt verschiedene Phthalate mit unterschiedlichen gesundheitsschädlichen Wirkungen – einige wirken beispielsweise auf das Hormonsystem, andere auf die Leber. Für die verschiedenen Phthalate gibt es unterschiedliche Grenzwerte, um die Gesundheit der Verbraucherinnen und Verbraucher zu schützen. In manchen Produkten wie in Spielzeug, Babyartikeln,

Kosmetika oder Lebensmittelverpackungen ist der Einsatz einiger Phthalate verboten.

(...) Alle Grundnahrungsmittel wie Fette, Brot, Obst, Gemüse und Milch bzw. Milchprodukte können Weichmacher enthalten. Verbraucherinnen und Verbraucher können nicht wissen, ob ein Lebensmittel belastet ist. Dies kann nur mittels einer labortechnischen Untersuchung festgestellt werden. In der Regel enthalten Lebensmittel keine gesundheitsgefährdenden Konzentrationen. (...)

Das Umweltbundesamt (UBA) beobachtet seit Jahren regelmäßig die Phthalatbelastung der Menschen in Deutschland. Eines der am häufigsten verwendeten und im Urin nachgewiesenen Phthalate war lange Zeit DEHP. Hauptaufnahmequelle sind Lebensmittel. Kleinkinder nehmen DEHP zusätzlich zur Nahrung über Hausstaub auf und über viele Dinge, die sie in den Mund stecken.

Die Aufnahme des Weichmachers DEHP lässt sich im Alltag durch einfache Verzehrs- und Hygieneregeln reduzieren. Wer sich abwechslungsreich ernährt, Speisen frisch zubereitet, wenig Fertigprodukte zu sich nimmt sowie Produktmarken öfter wechselt (gleiche Produkte können je nach Hersteller unterschiedliche Mengen an DEHP enthalten) nimmt nachweislich weniger DEHP auf. Um die Aufnahme der Chemikalie über den Hausstaub zu verringern, sollten Böden und Teppiche regelmäßig gereinigt werden. Eltern können ihre Kinder schützen, indem sie darauf achten, dass Kleinkinder nur Sachen in den Mund stecken, die dafür hergestellt und gedacht sind.

(...) Das Umweltbundesamt führt regelmäßig Studien durch, in denen die Abbauprodukte von Phthalaten in Urinproben von Kindern und Erwachsenen gemessen werden. In der Umweltprobenbank des Bundes wurden in nahezu sämtlichen untersuchten Urinproben Abbauprodukte von Phthalaten nachgewiesen. Diese Ergebnisse stimmen mit den Untersuchungen in anderen Industrieländern überein.« (BfR, Deutsches Bundesinstitut für Risikoforschung 2013).

2015 hat die EU die Verwendung von fünf besonders gesundheitsschädlichen Phthalaten eingeschränkt. Andere Weichmacher, über deren Wirkung man weniger weiß, sind aber weiter im Einsatz. Auch die fünf verbotenen Substanzen kommen nach wie vor in älteren oder importierten Plastikprodukten zum Einsatz und lassen sich im Urin nachweisen (NDR 2020). Unsere meisten Plastikprodukte fertigen wir heute in Asien, wo andere Gesetze gelten. Wir kaufen und konsumieren sie massenhaft.

Die Komplexität dieser unzähligen Plastikprodukte mit ihren verschiedensten chemischen Bestandteilen ist schier nicht mehr überschaubar. Ihre Auswirkungen auf die Natur und unsere Körper können selbst von Experten in ihrer Vielfalt nicht erfasst werden. Nach der Erläuterung der Kollateralschäden in der Natur wird im Folgenden der Frage nachgegangen, welche Rolle der Verbraucherschutz hier übernehmen muss.

Kontrollen und Verbote von Plastikweichmachern

Für die Überwachung der Verbote bestimmter Stoffe sind in den EU-Ländern die staatlichen Überwachungsbehörden zuständig. Diese sind meist in den Umwelt- oder Verbraucherschutzministerien der Länder angesiedelt. Bisher wurde der Einsatz folgender Substanzen in neuen EU-Plastikprodukten untersagt:

- »Aufgrund ihrer gesundheitsschädlichen Eigenschaften sind einige Phthalate in bestimmten Verbraucherprodukten verboten:
- Die fortpflanzungsgefährdenden Phthalate DEHP, DBP und BBP sind in der EU seit 2005 generell in Babyartikeln und Spielzeug verboten. Weitere besorgniserregende Phthalate, die oft als Alternativen zu den bereits genannten eingesetzt werden, wie DINP, DIDP und DNOP (Di-n-octylphthalat), sind in Spielzeug und Babyartikeln, die von Kindern in den Mund genommen werden können, nicht zulässig.
- Phthalate, die als fortpflanzungsgefährdend eingestuft wurden, dürfen gemäß der EU-Chemikalienverordnung REACH auch nicht in Gemischen, zum Beispiel Lacken, Klebstoffen oder Duftstoffen, enthalten sein, die an die breite Öffentlichkeit verkauft werden.
- Für die Verwendung von Phthalaten in Kunststoffverpackungen für Lebensmittel gelten zum einen bestimmte Grenzwerte für ihren Übergang auf das Lebensmittel, zum anderen bestehen bestimmte Einsatzbeschränkungen wie Verwendungsverbote, Verbote des Kontakts mit fetthaltigen Lebensmitteln sowie Säuglings- und Kleinkindnahrung.
- Einige Phthalate, u. a. DEHP, BBP und DBP, dürfen laut Kosmetik-Verordnung der EU nicht in Kosmetika enthalten sein.

- (…) In der Vergangenheit wurden Phthalate auch in Lebensmittelverpackungen wie zum Beispiel Gläsern mit Twist-Off-Deckeln oder Folien verwendet. Aus diesen sind sie in die Lebensmittel übergegangen. Das BfR hat bereits 2005 empfohlen, dass DEHP nicht mehr in Materialien zur Lebensmittelverpackung eingesetzt werden darf. Seit 2007 gelten für bestimmte fortpflanzungsgefährdende Phthalate – wie DEHP – weitreichende Beschränkungen bezüglich ihrer Verwendung als Weichmacher in Lebensmittelverpackungen. Stattdessen werden andere Weichmacher oder Phthalate mit weniger gesundheitsschädigenden Eigenschaften für die Herstellung von Lebensmittelverpackungen eingesetzt. (…)
- Als Alternativen zur Verwendung von fortpflanzungsgefährdenden Phthalaten gibt es zahlreiche toxikologisch weniger bedenkliche Phthalate wie DINP und DIDP. Diese alternativen Stoffe haben einen höheren TDI (tolerierbare tägliche Aufnahme) (…). Das gilt auch für zahlreiche Weichmacher aus anderen Stoffklassen wie epoxydierte Sojabohnenöle, Adipate, Citrate, Adipinsäurepolyester oder Cyclohexanoate.« (BfR 2013)

Weitere Gesetze zum Gesundheitsschutz lassen auf sich warten. Aktuell hat die Bewertung der Gesundheits- und Umweltrisiken durch die Europäische Chemikalienagentur ECHA zu einem EU-weiten Vorschlag zur Beschränkung von absichtlich zugesetzten Mikrokunststoffen geführt. Eine entsprechende Richtlinie würde »ab Inkrafttreten über einen Zeitraum von sechs Jahren spezifische Produktgruppen, die Mikroplastik enthalten, schrittweise verbieten. Die ECHA geht davon aus, dass der Beschränkungsvorschlag bei Verabschiedung in seiner jetzigen Form die Belastung der Umwelt mit Mikrokunststoffen über einen Zeitraum von 20 Jahren um etwa 400 000 Tonnen verringern könnte.« (Umweltbundesamt Deutschland 2019) Noch ist nichts beschlossen.

Fazit: Das Motto für unser ganz normales, konventionelles Wirtschaften lautet: Denn sie wissen nicht, was sie tun! Konsument*innen und sogar Expert*innen können die vielfältigen Wirkungen der immer neuen Plastikstoffe auf unsere Gesundheit nicht (vollständig) beurteilen. Dabei steht hier der Gesundheitsschutz im Vordergrund. Aber was ist mit dem Naturschutz?

Plastik in der Natur

Plastik ist in unserem Alltag omnipräsent und gelangt aus verschiedenen Quellen über unterschiedliche Wege schlicht überallhin. An Land ist das Plastikmüllproblem allerorts präsent. An Stränden, auf Wiesen, in Wäldern, aber auch in Flüssen und in den Ozeanen, an den Polen und in der Luft – überall ist Plastik in verschiedenen Formen und Ausprägungen zu finden. Im Folgenden erhältst du einen Überblick zu verschiedenen Einträgen von Plastik in die Natur. Jede*r kann seinen Beitrag leisten, um die Plastikflut zu stoppen.

Mikroplastik

330 000 Tonnen Mikroplastik werden jährlich allein in Deutschland freigesetzt. Pro Kopf sind es gut 4 Kilogramm. Mikroplastik entsteht vor allem durch den Abrieb unserer Plastikprodukte bei der Nutzung sowie durch die Verwitterung und den Zerfall größerer Plastikteile (Fraunhofer-Institut 2018). Mikroplastik wurde bereits in Vögeln, Fischen und Walen sowie in menschlichen Stuhlproben auf verschiedenen Kontinenten nachgewiesen (Universität Wien 2018).

Hauptquellen von Mikroplastik

Die größte Menge entsteht durch Autofahren. Der Reifenabrieb unserer weltweit 1,4 Milliarden Autos verweht als Mikroplastik in die Atemluft, in die Böden und Flüsse, fließt von dort in die Meere und mit ihren Strömungen sogar bis zu den Polen. Weitere Hauptquellen sind die Abfallentsorgung, bei der insgesamt große Mengen bei Müllsammlung, -transport und -lagerung verloren gehen, zerrieben werden und kleinteilig in die Natur gelangen. Auch auf Baustellen wird viel Plastik freigesetzt. Ebenso enthalten unsere Asphaltstraßen Bitumen, ebenfalls ein Erdölprodukt bzw. ein Kunststoff, der sich weiter in der Natur verteilt.

Neue, sehr große Plastikeinträge entstehen heute nahezu flächendeckend durch Sportvereine, die keinen Rasen mehr wollen, sondern mit »Kunstrasenplätzen« das Gras durch Plastik ersetzen. Das bedeutet neue Unmengen von

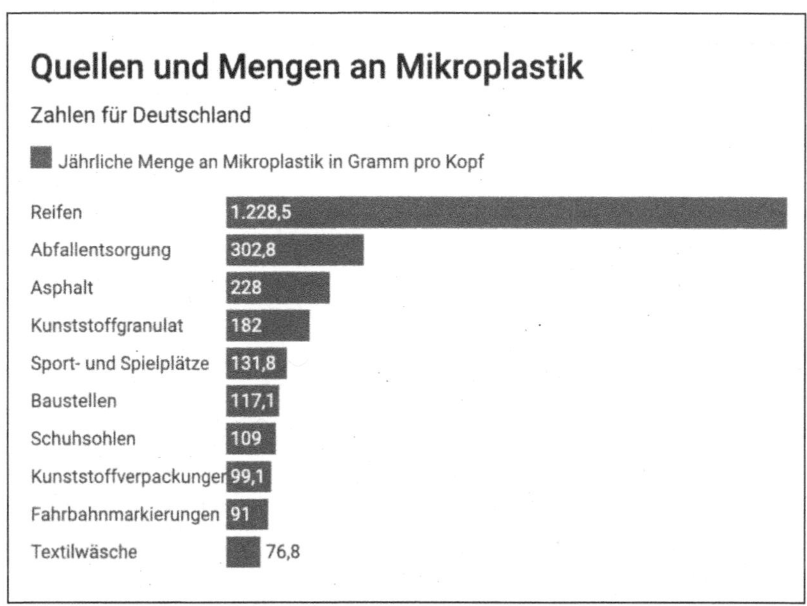

Quellen und Mengen an Mikroplastik, Zahlen für Deutschland; Quelle: Forschung & Lehre 2021.

Plastik, deren Granulatkügelchen sich direkt als Mikroplastik in der Natur verteilen. Der Plastikrasen muss am Ende seiner Nutzungszeit »entsorgt« werden. Es ist zu hoffen, dass er wenigstens stofflich recycelt und nicht verbrannt wird. Darüber hinaus werden immer mehr Fahrbahnmarkierungen mit Plastik angebracht und ganze Fahrradstraßen zum Wohle der Umwelt mit Plastikfarbe überzogen, die mit der Zeit abgefahren und zu Mikroplastik zersetzt wird. Das Gleiche gilt für all unsere Schuhe, Fahrradreifen, Skateboardrollen und Rollerblade-Stopper wie auch für unsere ganz normalen, massenhaft vorhandenen Kunststofftextilien.

Ein weiteres zunehmendes Problem: Es werden immer wieder neue Plastikarten hergestellt und aus immer neuen Stoffen zusammengemischt. Wir sind sogar so konditioniert, dass wir den Geruch von Neuwagen – also Plastikemissionen in der Atemluft – als Konsumqualitätsmerkmal einstufen. Armaturen und Verkleidungen vieler Autos bestehen aus immer neuen Plastikgemischen, die in unseren Recyclingbetrieben häufig nicht stofflich wiederaufbereitet werden können, da es sich um keine sortenreinen Plastikarten handelt. Nach der immer kürzeren Lebensdauer von immer mehr und immer größeren Autos werden sie häufig verbrannt.

Plastik ist schier überall. In der Natur ist es flächendeckend bereits als Mikroplastik verteilt, es reichert sich in unseren Körpern an, und wir liefern ständig neuen Nachschub.

Mikroplastik in Kosmetika

Kleinteiligere, aber flächendeckende Plastikeinträge in unsere Körper und über unser Abwasser in die Natur erfolgen auch über unzählige Kosmetikprodukte, Duschgele und Zahnpasten, denen direkt Mikroplastik als Abrasiv/Schleifmittel zur Reinigung, als Peelings oder als Microbeads zugefügt werden. Wäschst du diese Kosmetika von deiner Haut ab, spülst du die Mikroplastikteile ins Abwasser. Unsere Klärwerke haben heute in der Regel keine ausreichenden Filtervorrichtungen, um das Mikroplastik gänzlich aus unseren Wassereinleitungen aufzufangen. So gelangt es aus den Klärwerken zurück in den Wasserkreislauf, in die Natur und wieder zu uns. Überdies gibt es gerade für Kosmetika sehr häufig relativ umfangreiche Plastikverpackungen, die viel größer sind als das Produktmaterial selbst.

»Jährlich werden in Deutschland ca. 790.000 Tonnen kosmetische Mittel produziert, die in der Regel täglich verwendet werden. Viele dieser Produkte enthalten primäres Mikroplastik. Wie Untersuchungen des Umweltbundesamtes zeigen, werden pro Jahr in Deutschland allein 500 Tonnen des Mikroplastikstoffs Polyethylen in Kosmetika eingesetzt. Ein Großteil davon gelangt nach der Benutzung ins Abwasser. Studien zeigen, dass Mikroplastik aus Kosmetika von Kläranlagen nicht komplett herausgefiltert werden kann. Eine Untersuchung im Auftrag des Oldenburgisch-Ostfriesischen Wasserverbands aus dem Jahr 2015 zeigte, dass je nach Anlagengröße pro Jahr bis zu 8,2 Milliarden Mikroplastikstoffe in die Flüsse gelangen. Auch im Klärschlamm wurden große Mengen Mikroplastik gefunden: Je Kilogramm Trockenmasse waren es zwischen gut 1.000 und mehr als 24.000 Teilchen.« (BUND/Codecheck 2016)

Gesetzlich geregelt wird die Zulassung von Inhaltsstoffen kosmetischer Produkte durch die Europäische Kosmetikverordnung (EG) Nr. 1223/2009: Die »Verantwortung (mit Ausnahmen) liegt beim Hersteller/Inverkehrbringer. Inhaltsstoffe/kosmetische Mittel müssen gesundheitlich unbedenklich sein. Inhaltsstoffe sind deklarationspflichtig – nicht jedoch physikalische

Eigenschaften, zum Beispiel Partikel. (…) Die EU-KVO regelt ausschließlich gesundheitliche Risiken und keine Umweltrisiken.«

Die europäische Zulassungsbehörde ECHA hat die Hersteller zu freiwilligen Beschränkungen aufgerufen (BfR 2019). Wir wissen, dass freiwillige Beschränkungen in der Wirtschaft bisher kaum jemals zum Erfolg geführt haben. Allerdings haben viele Unternehmen Produktverbesserungen bei Kosmetika zugesagt.

Hier eine Zwischenempfehlung zum Gesundheits- und Naturschutz: Generell steigt das Gesundheitsrisiko mit diesen wachsenden, im Volksmund sogenannten Umwelteinflüssen weiter. »Umwelteinflüsse« sind beim Plastik aber eben nicht die per se gesunden Natureinflüsse, sondern die Einflüsse der bisherigen Art des Wirtschaftens. Mit dem hier und im Folgenden weiter aufgebauten Wissen können wir uns allerdings als Konsument*innen immer besser für Produkte entscheiden, die wir wirklich wollen, und damit den fortschrittlichen Unternehmen und der Natur helfen.

Fazit: Plastics everywhere! No real control!

Plastik im Biomüll

Werfen wir Plastikmüll in die Biomülltonne (Verpackungen, Kunststoffbeutel, Hundekotbeutel, Müllbeutel, Kunststoffverpackungen mit Resten von Lebensmitteln, Kaffeekapseln, Milchdöschen, Blumentöpfe, Schnüre, Klammern, Bindedrähte usw.), nehmen Recyclingunternehmen diese Plastikbeimischungen mit dem gesamten Biomüll auf, filtern sie nicht komplett wieder heraus und verarbeiten das Ganze zu Kompost. Dieser Kompost wird an Landwirt*innen oder als Blumenerde an uns Konsument*innen verkauft. Damit werden diese kleinteiligen Plastikteile auf den Feldern unserer Landwirt*innen und in unseren Gärten verteilt. Sie werden verweht oder bleiben in den Böden und werden teils von Pflanzen aufgenommen und dann von uns gegessen.

Mikroplastik zerfällt weiter zu Nanoplastik und kann dann in die Organismen von Tieren (Fischen, Würmern, Käfern etc.) und Pflanzen gelangen – und damit wieder in den Nahrungskreislauf bis auf unsere Teller. Als feiner Staub kann Nanoplastik auch eingeatmet werden – wie Blütenpollen oder (früher) Asbest.

Forscher*innen der Uni Bayreuth fanden im Dünger aus Gärresten bis zu 900 Mikroplastikstücke pro Kilogramm. In einer Anlage, die Grünschnitt und Bioabfälle aus Haushalten verarbeitet, entdeckten die Forscher*innen 146 Stücke Mikroplastik pro Kilogramm unfertigen Düngers. In einer Biogasanlage, die hauptsächlich Abfälle aus Industrie und Handel annimmt, waren es sogar 895 Teile (Weithmann 2018).

Gesetzliche Grenzwerte für Plastik in Blumenerde und Düngstoffen sind in der Düngemittelverordnung geregelt: 0,1 Gewichtsprozent verformbare Kunststoffe (Folien) und 0,4 Gewichtsprozent für alle sonstigen Fremdstoffe (Hartkunststoff, Metall, Glas etc.) dürfen im Kompost, der als Blumenerde oder Dünger verkauft wird, enthalten sein. Es ist also normal, dass sich Plastik auch über unsere Blumenerde allmählich immer weiter in der Natur anreichert.

Weitere Plastikverschmutzungen

Ziemlich zeitgleich mit dem Verbot von Plastiktüten im Einzelhandel nimmt ironischerweise der Plastikeinsatz in der Landwirtschaft immens zu: Auf Pflanzenfeldern wird immer mehr Plastik genutzt. Beim Spargel- und Erdbeeranbau hat sich die Bedeckung riesiger Felder mit gigantischen, wärmenden und »sauber haltenden« Plastikfolien massenhaft durchgesetzt. Die Folien werden nur einige Wochen im Frühjahr bzw. Sommer verwendet; hoffentlich werden sie wenigstens oftmals jährlich wiederverwendet und nicht sofort verbrannt. Diese wachsende Normalität auf den Anbaufeldern – und als Landschaftsbild – steht in völligem Widerspruch zu dem Plastiktütenverbot für Konsument*innen im Einzelhandel.

Hinzu kommen der immer häufigere Einsatz von Mulchfolien in Gewerbe- wie in Privatgärten wie auch die gigantischen Plastikgewächshäuser vor allem in den Niederlanden und in Spanien, wo Gemüse auf riesigen Flächen übersaisonal für uns angebaut wird. Frag doch mal bei deinem Spargel- oder Erdbeerbauern oder in deinem Supermarkt nach, ob sie über ihre Anbaufelder riesige Plastikfolien gelegt haben, bevor du dort den Spargel bzw. Erdbeeren kaufst.

Ein letztes natur- und gesundheitsschädliches Beispiel: Bis in die 1990er-Jahre hatten wir unsere Lieblingsjeans, die wie angegossen passte und die wir lange Jahre tragen konnten. Jeans wurden ursprünglich als stabile Arbeitshosen konzipiert. Die meisten heute produzierten Jeans hingegen halten generell längst nicht mehr so lange. Immer öfter kaufen viele Konsument*innen qualitativ schlechtere Hosen nach – ein Beispiel des gesteigerten naturschädigenden Konsums durch Fast Fashion.

Der Stoff heutiger Jeanshosen ist dünner, und es wird ein wachsender Kunststoffanteil mitverwoben, der für die Hersteller viel billiger ist als Baumwolle. Hierdurch wird der Jeansstoff elastischer, aber auch kurzlebig, da sich die verwobenen Kunststofffasern im Zeitablauf und vor allem beim Waschen zersetzen. Durch den Verlust der Plastikanteile geraten diese Textilien auch häufig aus der Form. Wie bereits beim Kosmetikmikroplastik beschrieben, bleiben auch die in deiner Waschmaschine abgebrochenen/abgeriebenen Mikroplastikfasern im Abwasser und gelangen durch die Kläranlagen wieder in die Natur. Das Gleiche gilt für ihre verbundenen Chemikalien (Weichmacher und Additive).

Mikroplastik von Plastiktextilien, die heute insgesamt eine kürzere Haltbarkeit und generell auch eine kürzere Modezeit haben, gelangen in immer stärkerem Maße über unsere Waschmaschinen in die Natur. Nicht nur in Jeans, sondern auch in T-Shirts, Unterwäsche, Pullovern, Jacken, Schuhen und anderen Modeartikeln nehmen die Kunststoffanteile zu. Und dies jeweils mit unterschiedlichen, teils gesundheitsschädlichen Inhaltsstoffen.

Fast Fashion wird darüber hinaus auf sehr naturschädliche Weise vor allem in Bangladesch und anderen Billiglohnländern Asiens unter häufig ausbeuterischen Arbeitsbedingungen hergestellt. Konventionelles Wirtschaften mit billigem Plastikmaterial, naturschädlichen Farben und Gerbstoffen dominiert hier immer noch den Fashionmarkt. Unter dem Strich ist es für Konsumenten sogar kostengünstiger, sich für qualitativ bessere Textilien zu entscheiden, die viel länger schön bleiben und häufigere Billignachkäufe ersparen, oder für Secondhandkäufe, die allerorts immer moderner werden. Entwickelt sich hier bereits ein Kultur- oder Modekonsumwandel?

Die Verbesserung dieser Fast-Fashion-Missstände würde zu einer neuen Marktverteilung hin zu sozialer und naturschonender hergestellten Produkten führen. Die Preise der besseren Produkte werden sich marktwirtschaftlich neu einstellen. Nur zum Vergleich: Markenjeanshosen ohne Plastik waren in den 90er-Jahren generell günstiger als heute. Und die Einnahmen bekommen die Unternehmen, die die Nachfrage nach naturschonenden und sozial hergestellten Produkten am besten bedienen. So entsteht ein gutes Wirtschaften.

Es ist sicher demokratisch, die Art unseres Wirtschaftens zu verbessern. Allerdings fehlt das Wissen um diese Zusammenhänge, und es fehlt noch die Kultur, dieses Wissen einzusetzen. Unsere Kaufentscheidung steuert die Unternehmen. Das notwendige Wissen über die Produkte, ihre Materialien und ihre Auswirkungen auf die Natur und Gesundheit bringt die Menschen dazu, bessere Produkte zu kaufen.

Staatliche Zulassung von Plastikprodukten

Ein Fünfjähriger würde den Kopf schütteln und uns fragen, warum wir uns diesen Gefahren aussetzen und diesem schönen Planeten derartig schaden. Wie wird Verantwortung für die demokratische Zulassung von Plastikstoffen übernommen?

REACH – Zulassung für Plastik und andere Chemikalien

Geprüft wird die Zulassung von Plastik wie auch anderer Chemikalien gemäß der sogenannten REACH-Verordnung der Europäischen Union. Zuständig für den Produktbewertungs- und Zulassungsprozess ist die von der EU eingesetzte Europäische Chemikalienagentur (ECHA).

»Die REACH-Verordnung hat das Ziel, die menschliche Gesundheit und die Umwelt zu schützen. Die REACH-Bewertungsverfahren stellen sicher, dass ausreichende Informationen über die in der EU in Verkehr gebrachten Chemikalien verfügbar sind und die Industrie die gesetzlichen Anforderungen erfüllt. Die Bewertung umfasst zwei Bereiche:

- Dossierbewertung: Die ECHA prüft, ob die Registrierungsdossiers die von der Gesetzgebung geforderten Informationen über Chemikalien enthalten.
- Stoffbewertung: Die Mitgliedstaaten bewerten Stoffe, nachdem sie spezifische Bedenken festgestellt haben.« (ECHA 2021)

In der Öffentlichkeit gibt es sehr häufig Kritik und öffentliche Diskurse zu den Bewertungen und Genehmigungen von Chemikalien wie Kunststoffen durch die Gremien der ECHA. Dabei werden häufig zwei Fragen gestellt: Wie bzw. von wem in den offiziellen Gremien werden bei Neuzulassungen ohne Langzeitstudien die Auswirkungen neuer chemischer Stoffe auf Menschen und Ökosystem bewertet? Welche Interessengruppen wirken an den Produktzulassungsverfahren mit, und welche werden nicht daran beteiligt?

Bei Neuproduktbewertungen – insbesondere bei neuen chemischen Stoffen – stellt sich grundsätzlich immer die Frage, wie zuverlässig die Prognosen über die Zukunftssicherheit sämtlicher Wechselwirkungen der gerade erfundenen Stoffe überhaupt sein können, die fortan in die Natur emittiert werden sollen, denn für neue Produkte, Materialien und Stoffe kann es noch keine Langzeitstudien geben. Dies ist ein grundlegendes Dilemma bei der Zulassung neuer Produkte.

Die immer häufiger auftretenden Allergien, Krebserkrankungen und weiteren Gesundheitsschäden werden mit dem normalisierten Einsatz von immer mehr chemischen Stoffen in Verbindung gebracht, deren Langzeitwirkungen mitunter erst viel später erkannt werden. So etwa im Falle des Beruhigungsmittels Contergan zu Anfang der 1960er-Jahre oder bei dem aktuell weltweit sehr uneinheitlichen Umgang mit dem Pflanzenvernichtungsmittel Glyphosat.

Hier stellt sich auch die Frage, ob es den Geschädigten überhaupt möglich ist, nach der jahrelangen Nutzung eines Produktes rechtswirksam nachzuweisen, dass Gesundheits- oder Naturschäden kausal dem einen Produkt/Stoff/Material zuzurechnen sind, um eine erfolgreiche Schadensersatzklage gegen das Herstellerunternehmen führen zu können.

Und letztlich stellt sich die Frage, ob es Klagemöglichkeiten für die Natur geben sollte, der wir so offensichtlich stark schaden. Dann bekäme die Natur Rechte. Eine mögliche Lösung hierzu wird im letzten Kapitel dieses Buches erläutert. Die Natur ist, wie sie ist. Sie wehrt sich nicht, und sie hat – immer noch – eine viel zu schwache Lobby.

Plastikrecycling – zukunftsfähig?

»Kunst versus Kunststoff«

Sicher wäre es eine emotional einprägsame Aktion, einfach einmal unseren Plastikmüll nicht direkt zur konventionellen »Entsorgung« zu befördern, sondern als »Kunstwerk« auf den städtischen Marktplatz zu kippen. Die Größe dieses Kunstwerks wäre so beeindruckend, dass wir nach dieser Erfahrung nicht mehr von »Entsorgung« sprechen, sondern uns große Sorgen machen würden.

»Aber wir trennen doch unseren Müll!« – Wie gut ist unser Recycling?

Bisher werden selbst in dem im Recycling führenden Deutschland nur 16 Prozent des Plastikabfalls in den Wirtschaftskreislauf zurückgeführt. Das meiste wird verbrannt (Heinrich-Böll-Stiftung 2019).

Mehr als 1 Million Tonnen wurden noch 2020 aus Deutschland in andere Länder exportiert, davon 17 Prozent nach Malaysia. Die nächstgrößeren europäischen Müllexporteure sind Belgien (476 000 Tonnen) und die Niederlande (390 000 Tonnen, 2019). Bis 2018 wurde der Löwenanteil der Plastikmüllexporte nach China exportiert, dem damals größten Markt für wiederverwertbare Reststoffe. Seit Anfang 2018 nimmt China allerdings keine unsortierten Plastikabfälle mehr an. In der Folge exportiert die global hochvernetzte Branche nun große Plastikmengen vermehrt nach Südostasien – wo sie dank unterentwickelter Recyclingverfahren häufig in der Natur landen (Statistisches Bundesamt Deutschland 2021).

Plastikrecycling ist meistens noch nicht marktfähig!

Das deutsche Recyclingsystem gehört zu den führenden in der Welt, doch das recycelte Plastik aus Deutschland findet noch viel zu wenig Abnehmer. Durch die westlichen Lohnstandards sind der Recyclingprozess und damit auch das recycelte Plastik relativ teuer. Aufgrund der günstigen Erdölpreise ist es lukrativer, einfach neues Plastik zu produzieren. Es ist mittlerweile mit immer höheren Anteilen in fast allen Produktgruppen enthalten.

Ein Hauptproblem: Laut Bundesverband der Deutschen Entsorgungs-, Wasser- und Rohstoffwirtschaft beträgt der Preisunterschied von recyceltem Plastik aus Verpackungsabfällen der Gelben Tonne und neu aus erdölgefördertem Plastik heute mehr als 25 Prozent. Die Folge: Deutschland schickt seinen Plastikmüll entweder zum Recyceln in andere Länder wie Malaysia, Vietnam & Co., wo die Produktionsbedingungen billiger sind, oder er wird hierzulande verbrannt. In vielen ärmeren Ländern wird der wachsende Plastikmüll einfach in die Flüsse gekippt. Zwar sind wir führend im Recycling, doch wir schicken unseren Müll in Länder, die viel weniger Recycling betreiben als wir.

Es schadet der Natur, dass die bei der Müllverbrennung gewonnene Energie als erneuerbare Energie eingestuft und damit subventioniert wird. Mit unserem Plastik wird Erdöl CO_2-intensiv verbrannt. Aber wie beschrieben, bringt es häufig mehr Geld ein, das Plastik zu verbrennen, als es zu recyceln und wieder an die Plastikindustrie zu verkaufen.

Hinzu kommen Schwierigkeiten in den Sortieranlagen unserer Recyclingunternehmen. Viele Verpackungen werden erst gar nicht als recycelbar eingestuft. Auch sie landen am Ende als Restmüll in den Verbrennungsanlagen von Kommunen, der Recycling- oder der Zementindustrie. Schwarzes Plastik oder undurchsichtige PET-Flaschen werden von den heutigen Mechanismen der Recyclinganlagen fehlerhaft gefiltert. Auch der Joghurtbecher mit Aludeckel landet oft fälschlicherweise beim Aluminium, kommt von dort zum Restmüll und wird so häufig einfach mitverbrannt.

Allerdings steht die Entsorgung in Deutschland zunehmend unter Druck für Verbesserungen. Seit 2019 gilt das neue Verpackungsgesetz: Der Anteil des wiederverwerteten Plastikmülls sollte von gut einem Drittel (bis zum Jahr 2019) bis zum Jahr 2022 stufenweise auf 63 Prozent steigen. Dies soll auch die Verbrennung (»energetisches Recycling«) eindämmen.

Das Plastikrecycling als System der Weiterverarbeitung des Plastikmülls in neue Produkte steht weltweit immer noch am Anfang. Über die Intensivierung des Recyclings hinaus ist es unbestritten notwendig und außerdem wesentlich naturschonender, die weitere Förderung von Erdöl und die Produktion von Plastik zurückzufahren.

Bessere Lösungen

Große technische Entwicklungen zur Verbesserung des Plastikeinsatzes oder alternative Materialien zu Plastik (zum Beispiel Biomaterial) sind bisher leider nicht verfügbar. Die erhoffte CO_2-Reduktion durch neue Plastikersatzstoffe aus Biostoffen (zum Beispiel Maisstärke) scheitert bisher an den konventionellen Recyclingmethoden. Immer häufiger werden diese Biostoffe für Tüten und andere Verpackungen eingesetzt. Da aber für die meisten gewerblichen Kompostverfahren die Zeit ihrer Verrottung zu lang ist, werden sie oft zusammen mit anderem Plastikmüll verbrannt. Ebenso ist noch keine wirksame Preiserhöhung für Erdöl als Grundstoff des Plastiks absehbar, die einen finanziellen Druck zur Entwicklung alternativer Materialien auslösen würde.

Die Entwicklung von Pilzzuchten in vorausgesagten zehn Jahren könnte uns jedoch einen Ersatz für konventionelles Plastik aus Erdöl bescheren, wie im Kapitel »Boden – unsere Lebensgrundlage« dargelegt wurde.

Wer die Belastung der Umwelt mit Weichmachern sowie sämtlichen anderen Kunststoffen der verschiedenen Plastikarten reduzieren möchte, kann ihnen zunächst aus dem Weg gehen und zum Beispiel

- Lebensmittel kaufen, die nicht in Plastik verpackt sind. Bereits der Verzicht auf Plastikverpackungen kann die Menge an Weichmachern im Blut reduzieren,
- keine Textilien verwenden, die Plastikanteile enthalten,
- sich weniger in Räumen/Fahrzeugen aufhalten, die einen hohen Plastikanteil haben und
- möglichst keine Produkte aus Plastik, sondern aus natürlichem Material kaufen (Holz, Metall, Glas, Biostoffe).

Im Prinzip wäre das einfach, wenn es nur schon ausreichend bessere Produkte gäbe bzw. wenn wir die bereits vorhandenen alle kennen würden. Aber: Die nachhaltigen Produkte sind auf dem Vormarsch.

Wie können wir bessere Produkte kaufen und damit die Natur und uns schützen?

Dies sind zwei besondere Wege, die Lösung des Plastikproblems heute in Gang zu bringen:

1. BESSERE PRODUKTE KAUFEN = WIRTSCHAFT NATURSCHONEND MACHEN

a) Setze alternative, bessere Stoffe ein, am besten Stoffe direkt aus der Natur, denen keine gesundheits- und naturschädlichen Chemikalien zugesetzt sind. Diese sind im Ökosystem wieder abbaubar. Die Natur ist das perfekte Recyclingsystem.

b) Achte auf die Langlebigkeit und die Recyclingfähigkeit deiner Produkte. Suche dir die Produkte aus, die dir wirklich gefallen und die für dich wertvoll sind. Mache nur diese zu deinen langfristigen Begleitern. Nutze sie, repariere sie, verschenke sie, um sie lange zu nutzen. Sorge am Ende ihres möglichst langen Produktlebens für ein Recycling, damit ihr Material wiederverwendet wird und an ihrer Stelle kein neues Material mit Kollateralschäden aus der Natur gefördert werden muss. Ob Brenn-, Treib- oder Kunststoffe: In allen Lebensbereichen können erdölbasierte Produkte weniger stark genutzt und damit eingespart werden.

Im folgenden Kapitel »Die Kunst, wenig Abfall zu produzieren« findest du viele Ideen, wie du im Alltag achtsamer mit Produkten und ihren Verpackungen umgehen und gleichzeitig zum Schutz der Natur beitragen kannst.

2. AKTIV WERDEN

Klaus ist häufig an einem Chemiewerk vorbeigefahren, das er nicht näher kannte. Auch die Produkte des Chemiewerkes sind ihm unbekannt. An einem Tag ist es äußerst stürmisch. Trotz der sehr starken Verwehungen ist der Rauch aus einem großen Schornstein, anders als sonst, ganz auffällig dunkel und massiv sichtbar. Klaus ist sich sicher, dass die Emissionen in diesem Sturm viel größer sind als sonst und ganz deutlich über den erlaubten Grenzwerten liegen. Was soll Klaus tun?

Warum sollten wir akzeptieren, dass jemand der Natur schadet? Dies gilt im Kleinen wie im Großen.

Glücklicherweise leben wir in einer Demokratie, das heißt, du kannst dich nicht nur selbst schützen, sondern dich auch gleichzeitig für die Natur und für das Gemeinwohl starkmachen. Du hast die gesetzliche Möglichkeit, beim Hersteller, Importeur oder Handel nachzufragen, ob zum Beispiel fortpflanzungsschädliche oder krebserregende Phthalate oder andere besorgniserregende, gefährliche Stoffe enthalten sind. Die EU stellt hierzu die komfortable Smartphone-App »Scan4Chem« zur Verfügung:

https://www.umweltbundesamt.de/themen/chemikalien/chemikalien-reach/reach-fuer-verbraucherinnen-verbraucher/scan4chem-smartphone-app-web-app

Installiere diese App auf deinem Smartphone. Damit erhältst du die einfache Möglichkeit, Produktbalkencodes einzuscannen oder den Balkencode einzugeben und direkt vorliegende Informationen zur möglichen Gefährdung durch jedes Produkt zu erhalten. Es ist aber auch möglich, bei jedem Produkthersteller mit der App automatisiert nachzufragen, ob ein Produkt besonders besorgniserregende Stoffe enthält. Die Antwort des Herstellers muss innerhalb von 45 Tagen erfolgen.

Die europäische Scan4Chem-App gibt Informationen über Schadstoffe in Produkten.
Quelle: Busakorn Pongparnit/GettyImages.

Rechtliche Informationspflichten: Ist in einem Produkt ein »besorgniserregender Stoff« in einer Konzentration über 0,1 Massenprozent enthalten, muss diese Information von jedem Lieferanten (Hersteller, Importeur, Händler) an jeden kommerziellen Kunden in der Lieferkette weitergegeben werden. Leider reicht diese Informationspflicht nicht bis zu uns Verbraucher*innen – wir müssen nicht informiert werden. Diese wesentliche Lücke der Aufklärung für unsere Konsumentscheidungen können wir nur durch unsere eigene Anfrage beim Unternehmen oder mit dem schnellen Blick in die wachsende Scan4Chem-Produktdatenbank schließen.

Darüber hinaus ist selbstverständlich von der Politik einzufordern, dass auch die Konsumenten über alle gesundheits- und naturschädlichen Produktbestandteile informiert werden müssen.

Werde aktiv, frage die Hersteller oder Händler. Damit kannst du transparente Kaufentscheidungen treffen, die dich und die Natur schützen. Denn mit deinem Kauf gibst du dein Geld an den Hersteller. Du entscheidest, ob du dein Geld an naturschonende Hersteller gibst und nicht an naturschädigende Produzenten. Mit deinem überlegten Konsum kannst du die Welt wahrhaftig ein Stück weit besser machen. Bitte gib diese Informationen weiter, damit hieraus eine mächtige Bewegung entsteht.

Zum Hintergrund: Natur schützen durch naturschonenden Konsum

Unternehmen stellen Produkte her, die wir mit Geld kaufen. Dies ist das Grundsystem für unseren Wohlstand. Unternehmen erfüllen Gesetze, die im Hinblick auf den Naturschutz offensichtlich teils hinter den Erwartungen der gesamten Bevölkerung zurückliegen. Diese Erwartungen kannst du »Verantwortung« nennen oder »Sorge um die Natur«. Konkrete Verbesserungsvorschläge für ein naturschonenderes Wirtschaften kannst du auch direkt dem dich interessierenden Unternehmen mitteilen. Es gibt hierzu viele notwendige Themen/Anfragen. Plastiktüten im Supermarkt, Strohhalme oder Einwegbecher wurden nach öffentlicher Thematisierung bzw. Druck bereits flächendeckend durch bessere Lösungen ersetzt.

Nutze deine demokratischen Möglichkeiten. Sag einfach dem Herstellerunternehmen, wie es seine Produkte verbessern und naturschonender machen kann – zum Schutz der Natur. Wenn viele mitmachen, werden die Hersteller unseren Forderungen folgen und bessere Produkte fertigen. Gleichzeitig kann dein Wissen den Unternehmen helfen, den wachsenden Nachfragefaktor »Nachhaltigkeit/Zukunftssicherheit« stärker zu beherzigen, um dies als Wettbewerbsvorteil auf den weltweiten Märkten einsetzen zu können. So kann das naturschonende Wirtschaften als gesamtheitliche Lösung für Mensch und Natur starten.

Quellenangaben

BfR – Bundesinstitut für Risikobewertung Deutschland (2009): Hormonell wirkende Substanzen in Mineralwasser aus PET-Flaschen. https://www.bfr.bund.de/cm/343/hormonell_wirkende_substanzen_in_mineralwasser_aus_pet_flaschen.pdf, abgerufen am 17.06.2023.

BfR – Bundesinstitut für Risikobewertung Deutschland (2013): Fragen und Antworten zu Phthalat-Weichmachern. FAQ des BfR und des Umweltbundesamtes (UBA) vom 7. Mai 2013. https://www.bfr.bund.de/cm/343/fragen-und-antworten-zu-phthalat-weichmachern.pdf, abgerufen am 17.06.2023.

BfR – Bundesinstitut für Risikobewertung Deutschland (2019): Mikroplastik/Microbeads in Kosmetika. Regulatorische Perspektive. https://www.bfr.bund.de/cm/343/mikroplastik-microbeads-in-kosmetika-regulatorische-perspektive.pdf, abgerufen am 17.06.2023.

BUND/Codecheck AG (2016): Mikroplastik-Studie 2016. Codecheck-Studie zu Mikroplastik in Kosmetika.

Bundesumweltamt 2022: REACH für Verbraucherinnen und Verbraucher – Scan4Chem Smartphone-App und Web-App. https://www.umweltbundesamt.de/themen/chemikalien/chemikalien-reach/reach-fuer-verbraucherinnen-verbraucher/scan4chem-smartphone-app-web-app#erklarfilm-smartphone-app-scan4chem, abgerufen am 13.08.2023

ECHA – European Chemicals Agency der EU (2021): REACH-Bewertungsprozess. https://echa.europa.eu/de/regulations/reach/evaluation/evaluation-procedure, abgerufen am 17.06.2023.

Forschung und Lehre (2018): Umweltverschmutzung. Fraunhofer identifiziert Quellen von Mikroplastik. https://www.forschung-und-lehre.de/forschung/fraunhofer-identifiziert-quellen-von-mikroplastik-983/, abgerufen am 17.06.2023.

Fraunhofer-Institut für Umwelt-, Sicherheits- und Energietechnik UMSICHT (2018): Kunststoffe in der Umwelt. Mikro- und Makroplastik. https://www.umsicht.fraunhofer.de/content/dam/umsicht/de/dokumente/publikationen/2018/kunststoffe-id-umwelt-konsortialstudie-mikroplastik.pdf, abgerufen am 17.06.2023.

Heinrich-Böll-Stiftung (2019): Plastikatlas. Daten und Fakten über eine Welt voller Kunststoff 2019. https://www.boell.de/sites/default/files/2020-11/Plastikatlas%202019%205.Auflage%20web.pdf?dimension1=ds_plastikatlas, abgerufen am 17.06.2023.

Jambeck, J. R. (2010): Plastic waste inputs from land into the ocean. Fachmagazin Science. Ebenso: Ellen MacArthur Foundation und Weltwirtschaftsforum (2016): The New Plastics Economy. Rethinking the future of plastics. http://www3.weforum.org/docs/WEF_The_New_Plastics_Economy.pdf, abgerufen am 17.06.2023.

NABU – Naturschutzbund Deutschland e. V. (2021): Plastikmüll und seine Folgen. Abfälle bedrohen Vögel, Delfine und Co. https://www.nabu.de/natur-und-landschaft/meere/muellkippe-meer/muellkippemeer.html, abgerufen am 17.06.2023.

NDR (2020): Gefährliche Weichmacher. Plastik im Alltag vermeiden. https://www.ndr.de/ratgeber/gesundheit/Gefaehrliche-Weichmacher-Plastik-im-Alltag-vermeiden,weichmacher136.html, abgerufen am 17.06.2023.

Scobel/3sat (2019): Scobel – Die Plastikflut. https://www.zdf.de/wissen/scobel/scobel-die-plastikflut-102.html, abgerufen am 17.06.2023.

Statista (2021): Statistiken zur Automobilproduktion. https://de.statista.com/themen/1140/automobilproduktion, abgerufen am 17.06.2023.

Umweltbundesamt Deutschland (2014): Weichmacher. https://www.umweltbundesamt.de/themen/gesundheit/umwelteinfluesse-auf-den-menschen/chemische-stoffe/weichmacher#was-sind-weichmacher, abgerufen am 17.06.2023.

Umweltbundesamt Deutschland (2015): Ein Meer von Kunststoffen. Was können wir gegen die Vermüllung der Ozeane tun? https://www.umweltbundesamt.de/themen/wasser/gewaesser/meere/nutzung-belastungen/muell-im-meer, abgerufen am 17.06.2023.

Umweltbundesamt Deutschland (2018): Verpackungsverbrauch in Deutschland weiterhin sehr hoch. https://www.umweltbundesamt.de/presse/pressemitteilungen/verpackungsverbrauch-in-deutschland-weiterhin-sehr, abgerufen am 17.06.2023.

Umweltbundesamt Deutschland (2019): EU plant Beschränkung der Verwendung von Mikroplastik ab 2022. https://www.umweltbundesamt.de/eu-plant-beschraenkung-der-verwendung-von?parent=69322#regulierung-der-verwendung-von-mikroplastik, abgerufen am 17.06.2023.

Umweltbundesamt Deutschland (2022): Indikator: Recycling von Siedlungsabfällen. https://www.umweltbundesamt.de/daten/umweltindikatoren/indikator-recycling-von-siedlungsabfaellen#die-wichtigsten-fakten, abgerufen am 17.06.2023.

Umweltbundesamt Deutschland/Kloas, W.; et al. (2005): Testverfahren bei Amphibien zum Nachweis von endocrine disruptors (ED) mit Wirkungen auf die Reproduktion und das Schilddrüsensystem. In: Umweltbundesamt (Herausgeber): Tagungsband 3. Statusseminar Chemikalien in der Umwelt mit Wirkung auf das endokrine System. Wissenschaftliche Grundlagen der Bewertung und Regulierung, Berlin 2005, S. 38. https://www.researchgate.net/publication/43185064_3_Statusseminar_Chemikalien_in_der_Umwelt_mit_Wirkung_auf_das_Endokrine_System_Wissenschaftliche_Grundlagen_der_Bewertung_und_Regulierung_Harnack-Haus_Berlin_2_Juni_2005, abgerufen am 17.06.2023.

Universität Wien (2018): Erstmals Mikroplastik im Menschen nachgewiesen. https://www.meduniwien.ac.at/web/ueber-uns/news/detailseite/2018/news-im-oktober-2018/erstmals-mikroplastik-im-menschen-nachgewiesen/, abgerufen am 17.06.2023.

Weithmann, N. et al. (2018): Organic fertilizer as a vehicle for the entry of microplastic into the environment. Science Advances. https://advances.sciencemag.org/content/4/4/eaap8060, abgerufen am 17.06.2023.

Wikipedia (2023): Contergan-Skandal. https://de.wikipedia.org/wiki/Contergan-Skandal, abgerufen am 17.06.2023.

Wikipedia: Glyphosat (2023): https://de.wikipedia.org/wiki/Glyphosat, abgerufen am 17.06.2023.

Weiterführende Verweise

Scobel/3sat (2020): Scobel – Die Illusion von Natur. https://www.3sat.de/wissen/scobel/scobel--die-illusion-von-natur-100.html, abgerufen am 17.06.2023.

Die Kunst, wenig Abfall zu produzieren

Abfälle entstehen, wenn Materialien nicht oder nicht mehr verwendet werden. Für die Herstellung jedes Materials wurden Stoffe aus der Natur entnommen und mit Energieeinsatz zu einem Produkt verarbeitet. Jedes Produkt und jeder Abfall bedeuten also immer auch eine ökologische Belastung und beinhalten eine Verantwortung für seine Verwendung.

Herausforderung

Weltweit wachsen die Abfallmengen rasant. Jedes Jahr erzeugen allein die Europäer 25 Millionen Tonnen Kunststoffabfälle, von denen weniger als 30 Prozent für das Recycling gesammelt werden. Weltweit machen Kunststoffe einen Anteil von 85 Prozent der Abfälle an Stränden aus. Kunststoffe enden in den Lungen und auf den Tellern der Bevölkerung. Dabei sind die Auswirkungen des Mikroplastiks in Luft, Wasser und Lebensmitteln auf unsere Gesundheit bisher weitgehend unbekannt (Europäische Kommission 2018).

In Deutschland ist das Abfallaufkommen in den vergangenen Jahren zu einem recht konstanten Wert angewachsen: 2020 betrug es insgesamt 414 Millionen Tonnen. Die haushaltstypischen Siedlungsabfälle wuchsen von 38 Millionen Tonnen im Jahr 2000 auf 46 Millionen Tonnen im Jahr 2020 an, von 458 Kilogramm im Jahr 2000 auf 554 Kilogramm pro Einwohner in 2020 (Umweltbundesamt Deutschland 2023). Allein als Verpackungsabfall fielen 2020 in Deutschland bereits 19 Millionen Tonnen an, das entspricht 228 Kilogramm pro Einwohner – mit weiter steigender Tendenz (Umweltbundesamt Deutschland 2022).

Nur 46 Prozent der gesamten Kunststoffabfälle bzw. 38 Prozent der Post-Consumer-Kunststoffabfälle wurden werkstofflich recycelt. Der überwiegende Teil wurde »energetisch verwertet«, das heißt verbrannt und zur Energiegewinnung eingesetzt (Umweltbundesamt Deutschland 2021).

Die sogenannte Abfallhierarchie priorisiert die Verwendung von Materialien entsprechend ihrer Naturbelastung in fünf Kategorien, nach denen die Behandlung und die möglichst späte, tatsächliche »Entsorgung« von Materialien vorgenommen werden sollte:

1. Vermeidung von Abfall: sinnvolle Auswahl langlebiger Produkte.
2. Wiederverwendung: Produkt reparieren oder nach Bedarf an andere weitergeben.
3. Recycling (stoffliche Verwertung): Recycling/Herstellung neuer Produkte aus Abfallmaterialien.
4. Weitere Verwertung: Verwendung der Abfälle auf weitere Arten, zum Beispiel Verbrennung mit Erzeugung von Energie/Wärme, aber auch von klimaschädlichen Gasen, oder Kompostierung.
5. Deponie: Lagerung des Abfalls (leider immer noch häufig bei Schadstoffen, Atommüll und in ärmeren Ländern).

Bessere Lösungen

Der wesentliche Hebel für den Naturschutz und gleichzeitig für den Ressourcenschutz liegt in der Vermeidung oder zunächst der weiteren Reduzierung von Abfall.

Abfälle sind Ressourcen aus der Natur. Benutzen wir möglichst wenige Materialien und dies dauerhafter, dann schaden wir der Natur möglichst wenig. Dazu genügt es, von etwas sehr Einfachem auszugehen: der Beobachtung der eigenen Gewohnheiten. Jeder kann Verantwortung übernehmen für jede einzelne Handlung und für die Folgen, die sie in der Natur hinterlassen. Das bedeutet, dass Veränderungen in den eigenen vier Wänden beginnen können.

Es ist möglich, keinen Müll mehr zu produzieren – man kann diesem Ziel zumindest sehr nahe kommen. Und das ist nicht schwer: Schritt für Schritt können wir unsere Umweltbelastungen drastisch reduzieren. Die Natur braucht weniger eine Handvoll Leute, die »Zero Waste« perfekt verwirklichen, als vielmehr Millionen von Menschen, die anfangen, sich hier zu engagieren und ihren unvollkommenen Beitrag zu leisten. Ihr Handeln wird eine demokratische, politische Auswirkung haben und zu Veränderungen der Produktangebote führen, denn es zeigt positive Alternativen auf und ebnet den Weg für eine Kultur, in der diese Verbesserungen angesprochen und angegangen werden.

Im Folgenden eine Liste mit einigen Anregungen, die zur Verbesserung unseres konventionellen Konsums im Alltag beitragen können. Fallen dir noch weitere ein?

1. Keine Plastikflaschen mehr

Weltweit werden unfassbare Mengen von Plastikflaschen verkauft. Plastik besteht aus Erdöl, die Herstellung ist sehr billig – zu billig angesichts der immensen Naturschäden, die damit angerichtet werden. Auch in Deutschland werden immer mehr Einwegplastikflaschen verkauft.

Zu Hause können wir Leitungswasser trinken. Es wird nicht mit Energie verbrauchenden Fahrzeugen transportiert, und es braucht keine Verpackung (beides CO_2-wirksam). Es wird in Deutschland gesetzlich streng kontrolliert und kann daher unbedenklich und ohne weitere Behandlung getrunken werden (Bundesamt für Verbraucherschutz und Lebensmittelsicherheit Deutschland). Auch in anderen Ländern haften die Wasserversorger gemäß spezifischer Gesetzgebung für die Reinheit des Leitungswassers.

Du kannst Filter verwenden, wenn du in einer Region lebst, wo das Wasser besonders kalkhaltig ist. Wenn du den Geschmack nicht magst, mische Obstsaft hinzu oder sprudele es mit einem Karbonisator auf. Wenn du unterwegs bist, kannst du Plastikflaschen durch eine wiederbefüllbare Metallflasche ersetzen, die dir ein Leben lang treu bleibt.

2. Einkaufsmüll vermeiden

Unsere Großeltern gingen mit Verpackung zum Händler und kamen mit Verpackung nach Hause. Heute gehen wir ohne Verpackung zum Händler und kommen mit Verpackung zurück, die wir dann massenhaft wegwerfen – Einwegverpackung!

Kaufe nicht bei jedem Konsum Einwegverpackungen, sondern mache es wie deine Großeltern: Lege dir schöne, dauerhafte Verpackungen zu, und gehe damit zum Einkaufen. Das ist (immer noch) neu in unserer normalen Welt des täglichen Konsums. Sei couragiert, setze hiermit ein vorbildliches Zeichen bei deinem Einkauf. Du wirst sehen, dass weitere Menschen deinem

Beispiel folgen werden. Bevorzuge lose Lebensmittel, die du in schicken Textilbeuteln und Behältern aus Metall, Holz oder Glas transportieren und aufbewahren kannst. So ist deine eigene Verpackung auch sehr viel gesünder als Plastikverpackung, aus der gesundheitsschädliche Stoffe wie Plastikweichmacher/Phthalate in deine Lebensmittel gelangen können.

Dazu hilft es, auf dem städtischen Markt, beim nächsten Gemüsehändler oder sogar direkt beim Erzeuger einzukaufen. Dies ist eine großartige Möglichkeit, die Umweltbelastung durch den Transport von Produkten zu reduzieren, Verpackungen zu vermeiden und lokale Bauern bzw. Hersteller zu unterstützen. Auch kannst du vor Ort die Produktionsbedingungen selbst einschätzen, und ganz nebenbei kaufst du deine Lebensmittel regional und saisonal. Das ist generell ökologisch am besten, denn sie verursachen kaum Transportwege und sind eine natürliche, abwechslungsreiche Kost. Daneben gibt es eine wachsende Zahl von Händlern, die ihre Waren unverpackt anbieten. Du könntest dir wieder angewöhnen, für den Fall, dass du spontan einkaufen möchtest, generell Textilbeutel mitzunehmen.

3. Wegwerfartikel vermeiden

Für alles gibt es eine dauerhaft wertvolle, naturfreundliche und coole Alternative. Steig ein in die neue Welt des Konsums, in der Verpackungen wieder schön und wertvoll sind.

Gefrierbeutel können durch Glasbehälter ersetzt werden. Für das Essen unterwegs oder für die Schulpause kannst du auf Plastik verzichten und stattdessen Lunchboxen aus Stahl verwenden, die leicht, langlebig, sicher und praktisch sind, sich leicht waschen lassen und in die jedes Essen passt. Oder dein Mittagessen passt bequem in ein recyceltes Glasgefäß. Zellophan und Aluminium können durch gewachstes, wiederverwendbares Food Wrap ersetzt werden.

Spülschwämme gibt es in pflanzlicher Ausführung aus natürlichen und strapazierfähigen Fasern. Wechsle deine Zahnbürste gegen eine Bambuszahnbürste oder eine, die einen austauschbaren Bürstenkopf hat. Shampoos und Seife können in fester Form gekauft werden, in toller Qualität mit langer Nutzungsdauer und in Papierverpackung. Um dir ein Leben lang eine stilvolle hochwertige Rasur zu ermöglichen, wähle ein edles Rasiermesser oder einen Rasierhobel aus Stahl. Du musst nur die reinen Metallklingen austauschen bzw. schärfen, wenn sie abgenutzt sind. Mit festen Seifenstücken lässt sich viel Plastik aus unseren Badezimmern verbannen. Körperpeelings, Körperseife, Gesichtsreiniger, Shampoo und Conditioner werden als Feststoffe angeboten und können eine Unmenge an Plastikflaschen und -gefäßen ersetzen. Sie sind immer häufiger erhältlich, kleiner und ergiebiger und lassen sich auch besser auf Reisen mitnehmen.

Werde erfinderisch, forsche im Internet nach alternativen, coolen Ideen für alle Gelegenheiten und Geschenkanlässe. Es ist wertvoll und macht Spaß, besser zu konsumieren als der Mainstream heute. Und du findest schönere Produkte, die auch andere überzeugen werden mitzumachen.

4. Reparatur

Die Lebensdauer von Produkten wird in unserer konventionellen Wirtschaft generell immer kürzer. Egal, ob du Elektrogeräte, Autos oder Kleidung (insbesondere »Fast Fashion«) siehst – die kürzere Haltbarkeit führt zu einem Anstieg der Produktion von immer neuen Erzeugnissen/Waren. Dies trägt ebenfalls stark zu einem Wachsen der Abfallmengen und des Naturverbrauchs bei.

Repariere, was kaputtgeht, anstatt es wegzuwerfen. Das Reparieren defekter Gegenstände ist heute eine aussterbende Kunst. Du kannst damit eine Menge Geld sparen und deine wertvollen, dir ans Herz gewachsenen Produkte bewahren. Natürlich bremst dies auch Neuverkäufe für den Fast-Fashion-Konsum minderwertiger und nicht reparierbarer Produkte. Belohne die Hersteller, die wertvoll und langlebig produzieren. Bei ihnen findest du häufig auch schönere Produkte. Vielleicht sagst du dies auch den anderen Herstellern, damit auch sie ihre Produkte verbessern können.

Mit dieser Haltung sparst du nicht nur Geld, sondern gibst auch Handwerkern oder den immer zahlreicheren Repaircafés Arbeit und unterstützt deine lokale Wirtschaft. Vertraue ihnen deine kaputten Haushaltsgeräte, deine alte Musikanlage, deinen Computer oder dein Handy an, oder lerne, wie du sie selbst reparieren kannst – im Internet findest du alle Infos dazu. Und wenn deine Kleidung kaputtgeht, gib ihr ein neues Leben und einen neuen, eigenen Stil: Bessere sie mit Flicken und Mustern aus, oder verwandle die Stoffe in etwas völlig Neues. Auch hierfür gibt es im Internet unzählige Anregungen. Schließe dein Portemonnaie, und lasse deiner Kreativität freien

Lauf! Und wenn du Neuwaren kaufst, bevorzuge die wirklich tollen Produkte, die zu dir passen und dir gefallen: bessere Qualität und Langlebigkeit zum günstigeren Preis.

5. Wertvoller Konsum

Je mehr du besitzt, desto mehr Naturressourcen setzt du ein. Wenn du im Begriff bist, etwas zu kaufen, frage dich, ob du es wirklich brauchst und wie es dein Leben verbessern wird. Bedenke bei deinen Käufen die gesamte Produktlebenszeit. Oft ziehen Käufe Folgekäufe nach sich, zum Beispiel Wartung, Nachfüllen, Reinigung, Entsorgung, passende Outfitzusatzartikel. Berücksichtige auch diese Aufwände beim Kauf. Kaufe, was du dir wirklich wünschst und was du langfristig zu deinem Begleiter machen möchtest. Dann umgib dich mit den für dich individuell wirklich wertvollen Dingen, verzichte auf eine Menge minderwertiger Produkte und vermeide eine Menge Müll. Dank der Langlebigkeit und Reparierbarkeit dieser Erzeugnisse sowie durch den Nichtkauf von Fast-Fashion-Produkten sparst du insgesamt Geld. Wie immer bei Veränderungen des Alltagsverhaltens setzt du ein Zeichen. Deine selbstbewussten Kaufentscheidungen werden anderen Menschen ein Vorbild sein.

Generelle Empfehlungen für die ökologisch nachhaltige Eignung von Produktarten sind kaum möglich, außer dass bei ihrer Auswahl der sogenannte Fußabdruck zu beachten ist, denn jedes Material hat seine Geschichte und individuelle Naturbelastung. Die unterschiedlichen Produktarten enthalten häufig verschiedene Materialien aus unterschiedlichsten Ländern mit unterschiedlichen Produktions- und Arbeitsbedingungen, unterschiedlichem Energie- und Transportaufwand und unterschiedlichen Recyclingmöglichkeiten.

Umso reichhaltiger ist das Lernen über die Dinge, die wir wirklich brauchen und wollen. Wie sieht der jeweilige »Fußabdruck« aus? Was ist gesund? Was schadet mir, was schadet der Biosphäre, den Pflanzen und Tieren? Welches Produkt wäre besser? Du lernst viel über den Planeten, unser Zuhause, wenn du dich mit seinen Materialien und ihren Wirkungen auseinandersetzt. Mit jedem Lernen gewinnst du Wissen für die selbstbewusste Auswahl deiner Produkte und ihrer Hersteller – und für spannende Diskussionen in deinem Umfeld, mit denen du weitere Menschen oder auch deinen Arbeitgeber zum Mitmachen anregen kannst. Nachhaltigkeit wird immer mehr zum Wettbewerbsvorteil für Unternehmen.

EIN KLEINES GEDANKENSPIEL:
Es ist ungewohnt, andere Produkte zu kaufen als die, die zum Mainstream gehören. Dies erfordert Mut oder zumindest die Bereitschaft, sich auf Fragen oder Klischees anderer Menschen einzustellen.

Die Dinge, mit denen wir uns umgeben oder bekleiden, können zum Ausdruck von uns selbst werden. Wir können auch mit Dingen unsere Persönlichkeit oder Individualität ausdrücken. Aber sind wir wirklich so selbstbewusst? Reflektieren wir den Mainstream ausreichend, um die Fragwürdigkeit dieser gesellschaftlichen Normalität zu erkennen? Warum können Produktmoden den Zeitgeist und gar den Geschmack ganzer Gesellschaften formen? Steckt hinter der Normalität der Moden die Unmündigkeit der Konsumenten?

Es sind die einfachen Geschichten, die am besten verkaufen. Warum erzählen wir nicht einfach die relevanten – und tatsächlich interessanten! – Materialgeschichten unserer Produkte? Diese könnten die besten Verkaufsargumente sein, denn das Material ist immer ein Hauptbestandteil jedes Produktes und könnte im Produktmarketing besonders erfolgreich beworben werden, wenn es ökologische (und damit auch gesundheitliche, ethische, qualitative, haptische und weitere) Vorteile gegenüber Wettbewerbsprodukten besitzt.

6. Gemeinsamer Konsum

SHARING, LEIHEN, TAUSCHEN, SCHENKEN, SECONDHAND

Du kennst die Beispiele sicher: Du kaufst eine Bohrmaschine und benutzt sie dreimal im Jahr, ansonsten liegt sie herum. Du kaufst ein Auto und benutzt es wie oft? Ansonsten steht es herum. Jedes Produkt belastet die Natur, besonders durch seine Herstellung. Dies wird jedoch in den öffentlichen Debatten zum Energieverbrauch häufig schlicht ausgelassen. Gemessen an der Gesamtnutzung inklusive der Gebrauchszeit und des Recyclings, kann der klimaschädliche CO_2-Aufwand für die Herstellung von Autos mehr als 40 Prozent betragen. Und angesichts der immer kürzeren Nutzungsdauer sowie der größeren Materialintensität (Gewicht/Größe) heutiger Autos wächst der hohe CO_2-Anteil bei der Herstellung ständig weiter.

Die schnellste und einfachste Lösung liegt auf der Hand: gemeinsamer Konsum. Es gibt immer mehr Sharingangebote für Autos, Maschinen, Elektrogeräte etc. Dies ist ein sehr wichtiger Beitrag zur Reduzierung des Ressourcenverbrauchs. Und die Angebote sind auch noch sehr bequem und komfortabel. Versicherungen, Bürokram, Wartung, Säuberung/Pflege – diese Services sind inklusive. Das bedeutet massiv weniger Aufwand: Es ist eine reine Produktnutzung zu einem weit günstigeren Preis als beim Kauf eines eigenen Produktes, weil du nur deine Nutzung bezahlst, nicht das Herumstehen des Produktes bzw. das Eigentum. Darüber hinaus wird es immer cooler, kein Auto zu besitzen, sondern verschiedene Fahrzeugtypen je nach Bedarf (Familie, Arbeit, Urlaub, Transport etc.) zu mieten, »sie zu surfen« und einfach wieder abzugeben.

In Großstädten wurde dieser Trend durch Parkplatzmangel und aufwendige Autoverkehrsbedingungen erleichtert. Teste Sharinganbieter auch in ländlichen Gebieten. Oftmals sind es die guten Erfahrungen der einfachen und coolen Lebensverbesserung, die überzeugen.

Elektrogeräte, Autos und viele andere Produkte kannst du auch gemeinsam mit Nachbarn oder Freunden kaufen und gemeinsam nutzen, um Geld sowie den Pflege-, Lager- und Bürokratieaufwand zu sparen bzw. zu teilen. Dies erhöht die Nutzungsintensität und reduziert die Naturbelastung. Kannst du ein Auto, eine Bohrmaschine oder einen Rasenmäher mit anderen teilen? Sprechen triftige Gründe dagegen, meist ungenutzte Produkte gemeinsam zu nutzen? Es ist immer noch »nicht normal«, Sharing zu betreiben. Reflektiere bitte auch, was dir nahestehende Personen hierzu sagen werden – deine Freunde, dein Arbeitgeber, deine Kollegen, denn es ist eine Veränderung der Normalität, die irritierte Fragen provozieren wird: »Wie, du hast gar kein Auto?« Es ist eine Herausforderung, die Konventionen infrage zu stellen und bessere Antworten anzubieten.

Kommst du zu dem Schluss, dass dir deine Produkte nicht mehr gefallen oder du sie nicht mehr benötigst, lasse sie nicht ungenutzt stehen oder gar zu Abfall werden. Gib sie Menschen, die sie nutzen möchten. Damit führst du das aus der Natur geförderte Material wieder einer Verwendung zu und kannst Menschen deiner Wahl glücklich machen. Verkaufe deine nicht mehr gebrauchten Geräte, Kleidung und andere Dinge direkt an Freunde oder Bekannte, über Secondhandmärkte oder bequem im Internet.

Besonders wertvoll: Genieße das große Glück des Schenkens. Weißt du, wer dein Produkt vielleicht gerne hätte? Wem möchtest du eine Freude machen? Freunden oder armen Menschen bzw. Bedürftigen? Tu's persönlich, du wirst reich belohnt, auch bzw. in den meisten Fällen, wenn du kein Geld dafür nimmst.

Entrümple dein Leben, und konzentriere dich auf das, was du wirklich willst. Welches deiner Produkte eignet sich besser für gemeinsamen Gebrauch oder für andere Menschen? Sharinganbieter, Marktplätze, Secondhand- und Tauschbörsen findest du im Internet.

7. Recycling

Wenn nach diesen Maßnahmen immer noch etwas in deiner Wohnung steht, was du nicht willst, dann solltest du auch dies nicht in den Müll werfen, sondern recyceln. Betrachte Abfälle nicht als wertlos, sondern als Material, das Teil der Natur ist und bleibt. Jedes Material bleibt auf diesem Planeten, auch wenn wir es verbrennen. Es verändert nur seine Form. Leider verbrennen wir immer noch viel zu viel, was eine wesentliche Ursache des Klimawandels ist.

Wenn wir die Materialien gebrauchter Produkte für die Herstellung neuer Produkte aufheben, bleiben sie im Wirtschaftskreislauf, ohne dass neue Materialien aus der Natur entnommen werden müssten. Es sollte das Bestreben unseres Wirtschaftens sein, die benutzten Materialien zurückzunehmen und den materiellen Wirtschaftskreislauf zu schließen. Das wäre ein vernünftiges Recycling, das die Biosphäre und auch die Wirtschaftsressourcen bzw. die Ressourcen dieses Planeten schont.

Die Recyclingquoten bei verschiedenen Materialien bereiten uns immer noch große Sorgen. Selbst in Deutschland werden Plastikabfälle immer noch zu circa 54 Prozent verbrannt (siehe oben). Weltweit verfügen die meisten Länder nicht annähernd über unsere Recyclingstandards, und vielerorts gelangt der weiter wachsende Plastikmüll über die Flüsse in die Meere. Und weltweit überschwemmt er diese heute buchstäblich.

Als Konsument*innen können wir auf Verbesserungen durch die weltweite Politik oder durch Unternehmen warten und normal weitermachen. Cooler ist es aber – auch für das eigene Selbstbewusstsein! – zu wissen, wie man besser recyceln kann, und auch andere dafür zu begeistern.

Welche Materialien wirfst du weg? Aus welchen kannst du Neues schaffen? Dosen oder Flaschen, zum Beispiel mit Saft oder Tomatenmark, können zu originellen Gläsern, Brotdosen, Wasserflaschen, Kerzenhaltern, Verpackungen für Großeinkäufe, Behältern für die Aufbewahrung von Lebensmitteln im Kühlschrank/Kühltruhe usw. umfunktioniert werden. Du kannst aus fast jedem Kleidungsstück, alten Laken und Kissenbezügen wiederverwendbare

Taschen herstellen. Die Plastiktüten, die du noch hast, können gesäubert und immer wieder benutzt werden.

12 Millionen Tonnen Lebensmittel werden allein in Deutschland jedes Jahr zu Abfall gemacht (Bundesministerium für Ernährung und Landwirtschaft Deutschland), rund ein Drittel des Wocheneinkaufs landet direkt im Müll. Weltweit sind das 1,3 Milliarden Tonnen Lebensmittel (Welthungerhilfe). Neben der großen Ungleichverteilung von Nahrung auf diesem Planeten ist es ökologisch fatal, dass die pflanzlichen und tierischen Produkte ebenfalls mit großem Landverbrauch zu sehr hohen CO_2-Emissionen führen, insbesondere bei der »Fleischproduktion«. Die Agrar- und Forstwirtschaft sowie die Landnutzungsänderungen verursachen 27 Prozent der weltweiten Klimagase (McKinsey 2020) und verändern maßgeblich das Gesicht des Planeten. Selbstverständlich ist die Reduzierung des Fleischkonsums ein sehr gewichtiger Naturschutzbeitrag.

Essensreste können auf viele verschiedene Arten in der Küche verwendet werden – suche nach entsprechenden Rezepten. In der Natur folgt die Biomasse einem ewigen Kreislauf. Viele nicht verwertbare Essensreste kannst du zu Humus für die Pflanzen in deinem Garten ansetzen. Solltest du keine Möglichkeiten hierzu haben, wird dir in vielen Kommunen Deutschlands eine »Biotonne« bereitgestellt. Damit führen Kommunen deine Essensreste der Kompostierung zu, oder sie setzen sie in Biogasanlagen zur Energiegewinnung ein. In beiden Fällen wird anschließend die Biomasse in der Landwirtschaft als Dünger wieder auf die Felder ausgebracht, jedoch zusammen mit den im ursprünglichen »Biomüll« bis zu den geltenden Grenzwerten enthaltenen Fremdstoffen wie Plastik, Schwermetallen, Metallen, Glas etc. Deshalb entscheide dich nach Möglichkeit besser für deine eigene reine Kompostierung, mache deine Teller mit Nachbarn/Freunden leer, oder friere die Essensreste für später ein.

Was machst du mit deiner Kleidung, die du nicht mehr benötigst oder möchtest? Share (siehe oben Punkt 6) oder recycle sie, wenn sie zu starke Gebrauchsspuren hat. Aus Kleidung kannst du Taschen, Säcke, Beutel, Geschirrtücher, Kinderkleidung oder Geschenkkarten etc. nähen. Auch hier: Lass deiner Fantasie freien Lauf. Das Internet hält viele Anregungen und Anleitungen bereit. Nähen ist in vielen Communitys verbreitet.

Wenn wir Müll vermeiden, zeigen wir unseren Respekt vor der Schönheit der Natur, deren Materialien wir verwenden. Wir sollten uns selbstbewusst entscheiden, welche Materialien bzw. Produkte unser Leben verbessern, welche wir kaufen und welche nicht. Nicht der Konsum wertet uns auf, sondern wir verbessern unser Leben mit schönen Produkten. Es ist eine Haltung mit Sinn und Verstand, die wesentliche Veränderungen in unsere Politik und in unser Wirtschaften bringt und damit der Natur wieder mehr Raum gibt.

Quellenangaben

McKinsey & Company (2020): Agriculture and climate change. Reducing emissions through improved farming practices. https://www.mckinsey.com/~/media/mckinsey/industries/agriculture/our%20insights/reducing%20agriculture%20emissions%20through%20improved%20farming%20practices/agriculture-and-climate-change.pdf, abgerufen am 17.06.2023.

Umweltbundesamt Deutschland (2021): Fragen und Antworten zur Kreislaufwirtschaft. https://www.umweltbundesamt.de/sites/default/files/medien/421/dokumente/2021-03-08_fragen_und_antworten_kreislaufwirtschaft.pdf, abgerufen am 17.06.2023.

Umweltbundesamt Deutschland (2022): Indikator: Recycling von Siedlungsabfällen. https://www.umweltbundesamt.de/daten/umweltindikatoren/indikator-recycling-von-siedlungsabfaellen#die-wichtigsten-fakten, abgerufen am 17.06.2023.

Umweltbundesamt Deutschland (2023): Abfallaufkommen. https://www.umweltbundesamt.de/daten/ressourcen-abfall/abfallaufkommen#siedlungsabfalle-haushaltstypische-siedlungsabfalle, abgerufen am 17.06.2023.

Unser Geld

Mit Geld beeinflusst du jemanden, etwas zu tun oder es zu unterlassen. Was machen die Leute, denen du dein Geld gibst?

Herausforderung

»Was kann ich für den Naturschutz tun?« Diese Frage wird immer notwendiger und populärer. Allzu oft wird jedoch resigniert: »Ich kann ja eh nicht viel ändern.« Das stimmt aber nicht! Jeder hat die Möglichkeit, mit seinem Geld unsere Art des Wirtschaftens zu beeinflussen – und in eine bessere Richtung zu bringen.

Das Thema »Geld/Finanzen« wird von den meisten Menschen in keinen direkten Zusammenhang mit der Natur gestellt. Es gilt als trocken, komplex und verrechtlicht – man überlässt es den Bankern und Versicherern. Tatsächlich steckt hier aber der größte Schlüssel für den Naturschutz. »Geld regiert die Welt!« Warum nutzen wir diesen gewaltigen Schlüssel nicht demokratisch?

Hierzu noch einmal der zentrale Zusammenhang: Unsere konventionelle Art des Wirtschaftens schädigt bisher weltweit die Natur. Für jedes Produkt, also für alle menschlich produzierten Gegenstände, wird Material aus der Natur gefördert. Zu viele Produkte verursachen immer noch zu häufig zerstörerische Naturschäden. Und die Produktherstellung wird mit Geld gesteuert: Rechnet sich ein Unternehmen? Werden seine Produkte nachgefragt? Dann wird das Geld in diesem Unternehmen eingesetzt, um die Produkte herzustellen. Leider wird dabei noch viel zu selten gefragt, ob man das Produkt auch naturschonender und langlebiger herstellen könnte.

Im täglichen Konsum kaufen wir Lebensmittel, Kleidung, Autos usw. – mit unterschiedlichen ökologischen Auswirkungen. Wir können die Auswirkungen eines gekauften Produkts auf die Natur anhand verschiedener Faktoren ausmachen: verwendete Materialien, Energieeinsatz, Herstellungs-

und Transportverfahren sowie Qualität/Langlebigkeit. Und das ist schon sehr komplex bei der Mannigfaltigkeit der Produktangebote. Tatsächlich stehen hinter den verschiedenen Material-, Produkt- und Produkttechnikarten ganze Wissenschaften, die für uns Käufer kaum in Gänze zu durchdringen sind. Beispiele: Autos, Waschmaschinen, Computer oder auch Fahrräder mit ihren jeweiligen Materialien, Recyclingfähigkeiten, Gesundheits-/Umwelt-/Klimabelastungen, Rechts-/Verbraucherschutzvorschriften etc.

Dabei zahlen wir als Konsumenten nur einen Teil unseres Geldes direkt für Produkte oder Dienstleistungen an Unternehmen. Betrachten wir unser Einkommen und Geldvermögen, wird deutlich, dass wir insgesamt große Beträge für Versicherungen, Krankenkasse, Rentenversicherung, Altersvorsorge, Steuern usw. zahlen. Unser Arbeitgeber überweist unser Einkommen auf ein Bankkonto. Von diesem Konto tätigen wir unsere Konsumausgaben und »legen das übrige Geld an«. Hierzu zahlen Banken (wie auch Versicherungen, Rentenversicherungen, Wertpapierfondsanbieter etc.) dein Geld über die Kapitalmärkte wieder in die Wirtschaft ein: Sie leiten es dorthin, wo es sich als Investition rentiert – also wieder in Unternehmen, die Produkte herstellen und damit weiteres Geld verdienen. Das heißt, Banken geben das Geld über die Kapitalmärkte an Unternehmen, so wie du es bei deinem Konsum direkt auch tust. Das ist das Grundprinzip unseres Wirtschaftens: Wir geben den Unternehmen unser Geld, damit sie uns Produkte (oder Dienstleistungen) dafür geben oder damit sie mit unserem Geld ihre Produktion finanzieren können und uns Renditeanteile zurückzahlen.

Noch schwieriger als beim direkten Produktkauf lassen sich die Materialverwendung und damit entstehende Umweltschäden nachvollziehen, die durch unser Banking und unsere Geldanlagen verursacht werden, denn bei Geldanlagen wie Wertpapierfonds oder Spareinlagen leiten Banken und andere Finanzinstitute unser Geld an eine Vielzahl verschiedener Unternehmen weiter. Alle von diesen Geldanlagen finanzierten Unternehmen produzieren verschiedene Erzeugnisse (oder Dienstleistungen). Daher gestaltet sich die Einschätzung, ob dabei Natur geschädigt oder geschont wird, hier wesentlich komplexer. Wie also können wir sicher entscheiden, wem wir unser Geld geben, damit die Natur geschont wird?

Unser Potenzial

Die Menge des Geldes, die wir mit unserem Sparen über die Kapitalmärkte an Unternehmen geben, von denen wir nicht wissen, wie naturschädlich oder -schonend sie sind, ist das größte Potenzial, um eine naturschonende Verbesserung der Wirtschaft herbeizuführen.

Allein in Deutschland ist das Geldvermögen der privaten Haushalte bis 2023 auf den Rekordwert von fast 8 Billionen Euro angewachsen (DZ Bank 2023). Das weltweite Bruttogeldvermögen ist in den vergangenen Jahren rasant auf 233 Billionen Euro gestiegen. Trotz Corona hat sich in den vergangenen drei Jahren das private Vermögen in Summe um 60 Billionen Euro erhöht, insbesondere in Asien (ohne Japan), Osteuropa und Nordamerika mit Wachstumsraten von 11 bis 13 Prozent (Allianz 2022).

Mit diesem – unserem – Geld ließe sich die Wirtschaft hin zu naturschonenderen Verfahren lenken – vorausgesetzt, dass wir naturschonende Unternehmen vorziehen oder unsere Geldanlagen an naturschonende Bedingungen knüpfen. Denn so können wir die Herstellerunternehmen weiter zur Naturschonung bewegen. Der ursächliche, naturschädigende Mechanismus des konventionellen Wirtschaftens kann global verbessert werden, wenn naturschonende Produkte von uns nachgefragt werden.

Eigentlich einfach? Ja, aber nur, wenn dies immer mehr wissen und mitmachen!

Das heutige Mittel dafür sind »nachhaltige Geldanlagen«. Doch diese führen bisher ein Nischendasein, und sie sind teilweise noch zu wenig transparent: Der Anteil »nachhaltiger Geldanlagen« am deutschen Gesamtfondsmarkt in Deutschland, der 2019 noch 5,4 Prozent betrug (269,3 Milliarden Euro), ist bis 2022 auf 16,4 Prozent (501,4 Milliarden Euro) angewachsen (Forum Nachhaltige Geldanlagen 2021 und 2023). Angesichts unseres gesamten Geldvermögens ist dieser noch geringe Anteil bisher wenig sichtbar, und seine Auswirkungen auf die Natur sind bisher kaum messbar. Aber es ist zumindest ein Anfang.

Nachhaltige Geldanlagen – eine Einführung

»Nachhaltige Geldanlagen« ist ein Sammelbegriff für Geld, das für naturschonende und/oder soziale Ziele investiert wird. Mit sozialen Geldanlagezielen werden zum Beispiel Unternehmen finanziert, die verbesserte Arbeitsbedingungen und Verbraucherschutz schaffen und Menschenrechtsverletzungen wie Kinderarbeit und Ausbeutung ausschließen. Naturschonende Geldanlagen werden in Unternehmen investiert, die Produkte (oder Dienstleistungen) mit einem möglichst effizienten Material- und Energieeinsatz und dadurch möglichst geringen Naturschädigungen herstellen. Optimal »nachhaltig« sind Unternehmen, die sozial, naturschonend und auch wirtschaftlich stark sind. Sie sind die Unternehmen, die die Wiederherstellung des Einklangs mit der Natur in Gang setzen können.

So vielfältig die Produktarten und Unternehmen, so vielfältig sind auch die Möglichkeiten ihrer Ausgestaltung. Die Minimalanforderungen für die Naturschonung wie auch für die sozialen Aspekte der Unternehmen geben die jeweiligen aktuellen Gesetze in den verschiedenen Ländern vor. Wie wir sehen, reichen diese noch nicht aus, um die Natur ausreichend zu schonen. Unternehmen, die bereits über die gesetzlichen Anforderungen hinaus naturschonender/sozialer produzieren, weisen dies häufig in ihren Nachhaltigkeitsberichten nach. Darin messen sie ihre Nachhaltigkeitsleistungen und beschreiben ihre Produktionsverfahren, die bei nachhaltig aktiven Unternehmen zumeist naturschonender als marktüblich sind. Und sie stellen dies in ihrer Kommunikation und in ihrem Marketing heraus, denn Nachhaltigkeit wird immer mehr zum Verkaufsargument und zum Wettbewerbsvorteil.

Häufig verwenden Unternehmen auch Nachhaltigkeitslabels, -siegel oder -zertifikate, die ihre Nachhaltigkeitsleistungen zum Ausdruck bringen sollen. Der Begriff »Nachhaltigkeit« ist jedoch nicht eindeutig definiert, und die Nachhaltigkeitsversprechen vieler Unternehmen fallen sehr unterschiedlich aus. Auch sind die verschiedenen »Nachhaltigkeitsnachweise« selbst in ihrer Qualität und Glaubwürdigkeit sehr unterschiedlich.

Einen guten Überblick zum mittlerweile über 1000 Labels und Siegel zählenden Transparenzdschungel gibt www.label-online.de, die Website der staatlich geförderten Verbraucherinitiative e. V. mit Bewertungen und Hinter-

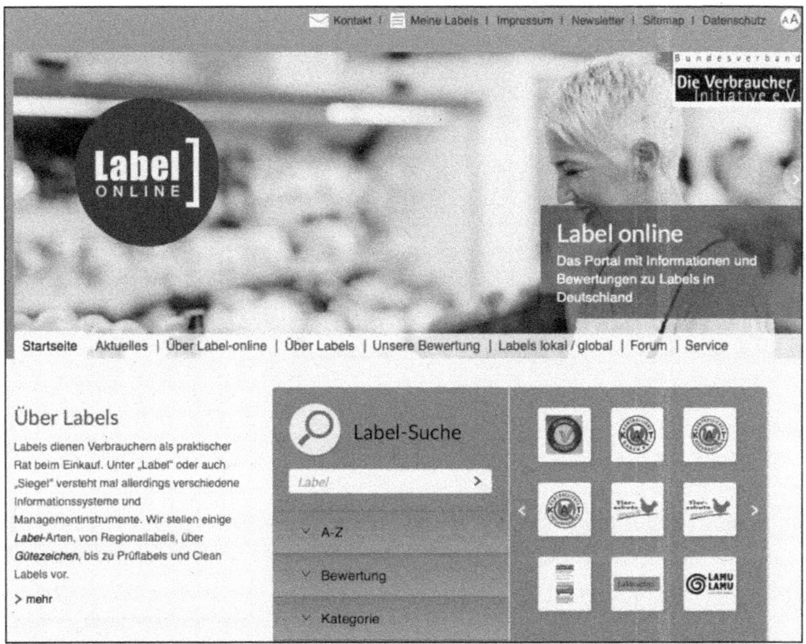

Label Online – die Datenbank der Verbraucherinitiative e. V. zu Nachhaltigkeitslabels. Quelle: www.label-online.de 2023.

grundinformationen zu Qualität und Glaubwürdigkeit. Ergänzend zu den immer häufigeren Nachhaltigkeitsberichten und der immer häufigeren Nachhaltigkeitskommunikation von Unternehmen sowie verschiedenen Ökotests werden hier vereinfachende Erklärungen zur Bewertung ihrer Nachhaltigkeitsleistungen gegeben. Insgesamt ist bei Unternehmen der deutliche Trend zu beobachten, dass naturschonende bzw. zukunftsfähige Verbesserungen immer öfter kommuniziert werden, um uns Konsumenten/Käufer auf diese nunmehr sogar modernen Produktvorteile aufmerksam zu machen. Nutzen wir diese Informationen kritisch – checken wir, welche wirklich wertvollen Produkte wir zu unseren Begleitern machen möchten und wem wir hierfür unser Geld geben. Dein naturschonender Geldeinsatz bei deiner Produktauswahl im täglichen Konsum ist noch relativ überschaubar im Vergleich zu den Geldeinsätzen, die du mit deinen Sparanlagen tätigst. Doch für beides gilt, dass du die Unternehmen mit deinem Geld beeinflusst, es naturschonend einzusetzen.

Deine Macht als Kund*in von Finanzinstituten

Finanzinstitute stehen vor der »neuen« und notwendigen Aufgabe, Naturschonung bei der Vergabe deines Geldes als Bedingung zu erfüllen, wenn du dich hierzu als Kunde entscheidest und deine naturschonende Geldvergabebedingung stellst. Es ist sicher spannend, deine Finanzberater auch zu Naturschützern zu machen, die deine Kundenwünsche an ihre Chefs weitergeben. Es ist wie im Supermarkt, wo immer mehr Menschen Plastiktüten und Plastikverpackungen ablehnten.

Viele Unternehmen sind diesen Kundenforderungen gefolgt, und heute gibt es sogar ein Gesetz hierfür. Je mehr Menschen Naturschonung fordern, desto schneller läuft dieser demokratische Prozess zur Verbesserung der Art unseres Wirtschaftens.

Dass wir als Geldgeber ganze Märkte Richtung Naturschonung steuern können, zeigt sich in einem bekannten Beispiel: Immer mehr Menschen und Institutionen trennen sich von ihren Geldanlagen in fossilen Brennstoffen. Laut den Vereinten Nationen haben sich weltweit bereits 2017 etwa 690 Konzerne, Institutionen und staatliche Akteure hierzu verpflichtet; auch 60 000 Einzelpersonen wie etwa der Filmstar Leonardo DiCaprio. Öffentlichkeitswirksam hat auch der weltgrößte Versicherungskonzern Allianz zu dieser Entwicklung beigetragen. »Mittlerweile haben wir Geldanlagen im Wert von etwa einer Milliarde Euro aus 120 Unternehmen abgezogen«, erklärte die Allianz. »Insgesamt peilen wir vier Milliarden Euro an« – allerdings begrenzt auf den Abzug des Geldes (sogenanntes Divestment) aus Kohleunternehmen (Deutschlandfunk 2017).

Kohleunternehmen erhalten so weniger von unserem günstigen Geld über den Kapitalmarkt. So werden ihre Investitionen in die schädliche Kohleförderung teurer, denn sie müssen sich das Geld woanders besorgen, zum Beispiel über teurere Kredite. Wegen unserer ausfallenden Geldzahlungen fallen ihre Börsenkurse, und die schädigende Kohleförderung rentiert sich immer weniger. Dies führt zu einer Abwärtsspirale, denn immer weniger Menschen investieren in die sinkenden Kurse. Das Kohlegeschäft verabschiedet sich aus den Märkten – erfreulicherweise zugunsten einer alternativen, naturschonenderen Nachfrage nach emissionsärmeren Energieinvestitionen. Dies ist die mächtige Wirkung unseres Geldes. Unser Geld ist ein sehr wirksames demokratisches Potenzial.

In unserer Marktwirtschaft passen sich Unternehmen, denen wir nicht mehr unser Geld anvertrauen, den Marktentwicklungen an – in der hier beschriebenen Entwicklung hin zu naturschonenderen Geschäftsmodellen. Im Wirtschaftssystem bleibt hierdurch die Geldmenge gleich, nur wird sie naturschonender verteilt. Die Marktwirtschaft gewinnt den dringend notwendigen Wettbewerbsfaktor hinzu: die Naturschonung. Ein Wettbewerb, der sich wirklich lohnt!

Kein Unternehmen kann überrascht sein über die existenziell bedrohlichen Naturentwicklungen, vor allem die Unternehmen nicht, deren Kerngeschäfte besonders schädigende Auswirkungen haben, denn der alarmierende Zustand der Natur und seine rasante Verschlechterung sind schon viel zu lange bekannt. Niemand kann sagen, er/sie hätte die Auswirkungen auf die Natur nicht gekannt oder ihre verstärkte öffentliche Wahrnehmung nicht kommen sehen.

Finanzinstitute haben hier eine ganz besondere Rolle: die Vermittlung des Geldes an die naturschonenden Unternehmen. Sie sind die Geldvermittler zwischen uns und den Unternehmen. Auch in der Welt der Finanzdienstleister ist diese Entwicklung angekommen. Man empfiehlt hier immer häufiger das »Divestment« – das heißt den Verkauf bestehender Geldanlagen bei Unternehmen, die naturschädliche Stoffe fördern, verarbeiten, transportieren oder nutzen.

Auf dem derzeitigen Markt nachhaltiger Geldanlagen gelten nicht nur die CO_2-intensiven fossilen Brennstoffe mit den massiven Kollateralschäden ihrer Förderung als nicht nachhaltig. Die folgenden Geschäftsfelder bzw. Geschäftspraktiken von Unternehmen und ihren Branchen werden ebenfalls als »nicht nachhaltig« bewertet. Sie werden neben anderen von vielen Finanzinstituten nicht oder weniger empfohlen – aber zumeist nur, wenn du als Kunde »nachhaltige Geldanlagen« wünschst. Dazu gehören:

- Kohle-, Öl-, Gasenergie
- Ölschiefer/Teersande/Fracking
- Biozide und Pestizide
- Gentechnik
- Massentierhaltung
- Tierversuche
- Embryonenforschung
- Suchtmittel
- Verletzung von Menschen- und Arbeitsrechten

Marktstudie des Umweltbundesamtes zu ökologisch-nachhaltigen Branchenentwicklungen 2017. Quelle: Umweltbundesamt 2017.

Werden Verstöße von Unternehmen gegen diese zukunftswirksamen Forderungen nachgewiesen, schließt das Finanzinstitut die Anlage deiner Kundengelder bei diesen Unternehmen aus. Die Verfahren hierzu werden im Folgenden erläutert. Die wichtigere und positiv verbessernde Frage ist zunächst aber: Welchen Unternehmen möchten wir denn unser Geld geben, um die Wirtschaft besser zu machen? Welche Unternehmen und Produkte sind naturschonend?

Diese Studie des deutschen Umweltbundesamtes untersucht die Entwicklung der drei größten Unternehmensbranchen im privaten Konsum: Wohnen, Mobilität und Ernährung. Sie verursachen 80 Prozent des CO_2 des privaten Konsums. »Grüne Produkte« konnten auch hier in den letzten Jahren ihre Umsätze deutlich steigern und Marktanteile hinzugewinnen. Das heißt, sie haben bereits naturschädlichere Produkte ersetzt bzw. verbessert. Einige Produkte wie etwa energiesparende Haushaltsgeräte und Leuchtmittel sowie MSC-nachhaltig zertifizierter Fisch haben bereits über 50 Prozent der Marktanteile gewonnen. Aber die meisten naturschonenden Produktalternativen wachsen noch viel zu langsam (Umweltbundesamt Deutschland 2017).

Doch so beginnt der notwendige und wirksame Weg, Geld an naturschonende Unternehmen zu geben. Um ausreichenden Naturschutz zu gewährleisten, ist es nun dringend geboten, dass möglichst viele mitmachen. Angebot und Nachfrage steuern unsere Märkte – mit unserem Geld können wir Märkte steuern.

Bei dieser neuen Sichtweise der Beachtung des Naturschutzes in unserem Wirtschaften mangelt es vielen Menschen aber schlicht noch am grundlegenden Wissen über die Produktauswirkungen in der Natur.

»Welche Unternehmen sind denn naturschonend?« Es ist nicht »peinlich«, deinem Finanzinstitut diese Frage nach dem Naturschutz durch deine Geldanlage zu stellen, sondern es ist die wesentliche Herausforderung unserer Zeit. Peinlich und naturschädlich ist, dass »man« noch nicht ausreichende Antworten hierauf hat. Aber es gibt immer mehr und bessere Lösungen.

Höhere Rendite »nachhaltiger Geldanlagen«

Das landläufige Vorurteil, dass Nachhaltigkeit mehr kostet und weniger Rendite bringt, ist widerlegt. Die Rendite nachhaltiger Geldanlagen bringt »durchschnittlich mindestens gleich viel und häufig sogar mehr finanzielle Rendite«. Dies wies unter anderem der Hamburger Universitätsprofessor Alexander Bassen in Metastudien bereits 2015 auf der Grundlage von über 2200 wissenschaftlichen Einzelstudien seit 1970 nach (Bassen, Busch, Friede 2015).

Auch in puncto Kursentwicklung überholen nachhaltig agierende Unternehmen häufig die konventionellen. Der seit 2007 bestehende deutsche Nachhaltigkeitsindex Global Challenges Index (GCX) schlägt den deutschen Großunternehmen-Leitindex DAX um Längen: Der nachhaltige GCX kletterte bis Ende Februar 2019 bereits um rund 173 Prozent, der konventionelle deutsche Leitindex DAX lag im Vergleichszeitraum mit einer Performance von 53 Prozent weit dahinter (Quelle: Börsen Hamburg-Hannover, www.boersenag.de/GCX). Mittlerweile vergrößerte sich der Abstand zum DAX noch weiter, wie im Kursvergleichsdiagramm abgebildet. Der DAX ist bis heute der bedeutendste deutsche Aktienindex. Er repräsentiert die finanziellen Börsenwertentwicklungen der größten deutschen Aktienunternehmen. Jedoch thematisiert er keine Nachhaltigkeit.

Vergleich der Börsenkursentwicklungen des Global Challenges Index (GTX) und des Deutschen Aktienindex (DAX) 2011–2023. Quelle: www.finanzen100.de 2023.

Gründe für die zumeist auch wirtschaftlich bessere Performance der nachhaltig aktiven Unternehmen sind häufig die überdurchschnittlich ganzheitlichere und langfristigere Unternehmensplanung mit der Beachtung der ökologischen und sozialen Einflussfaktoren sowie die insgesamt steigende Nachfrage nach umweltschonenden und sozial wirksamen Produkten. Die nachhaltig aktiven Unternehmen folgen weniger der typisch börsianischen Erwartung der anonymen Aktionäre – dem reinen Gewinnerwartungsdruck der finanziellen Verläufe der Quartals- und Jahresbilanzen, den Aktienunternehmen selbst auf ihren konventionellen Hauptversammlungen repräsentieren. Aktionäre legen ihr Geld anonym an den Börsen/Kapitalmärkten an, um es zu vermehren. Es ist ein Börsenspiel der anonymen Anleger um steigende Kurse, ohne selbst Verantwortung für die ökologischen und sozialen Auswirkungen ihres Geldes zeigen zu müssen.

Das Image vieler nachhaltig aktiver Unternehmen wie auch von mittelständischen, häufig traditionellen Familienunternehmen besteht darin, dass sie eine langfristige, generationenüberdauernde Verantwortung tragen. Immer mehr wird verstanden, dass sie diese Verantwortung auch für die Natur tragen. Vielleicht ist es dieses Selbstverständnis, dass »Eigentum verpflichtet«, das nachhaltig aktive Unternehmen insgesamt besser macht. In börsennotierten Großunternehmen ist diese Verantwortung tragende Eigenschaft ausgelagert: Ihre Eigentümer sind vielfach die »anonymen« Aktionäre, und geführt werden sie von angestellten Vorständen, die durchschnittlich immer kürzer in den Unternehmen arbeiten.

Es spricht also rein gar nichts dagegen, das Geld naturschonend anzulegen und für eine naturschonende Wirtschaftsentwicklung einzusetzen. Es lohnt sich über die ethischen, natur- und existenzsichernden Gründe hinaus auch finanziell, in nachhaltig aktive Unternehmen zu investieren. Vielmehr noch: Es spricht viel gegen die Naturschädigung durch die in noch großen Teilen verantwortungsarme Art des konventionellen Wirtschaftens. Es kann sehr viel Spaß machen, mit der Änderung des bis dato von vielen als trist empfundenen Bankings Geld zu verdienen und damit wirklich Schönes zu bewirken.

Werden wir nun konkreter und folgen der Frage weiter: Wie kannst du die naturschonenden Unternehmen für dein Geld finden?

Arten und Funktionen nachhaltiger Geldanlagen

Auch für die Bestimmung der naturschonenden Unternehmen liegt der maßgebliche Schlüssel im Finanzsystem. Denn Finanzinstitute vermitteln dein Geld an Unternehmen. Gibst du dein Geld an ein Finanzinstitut, hat dieses die folgenden zwei Möglichkeiten, es für dich weiterzuvermitteln, damit es euch beiden Gewinn bringt.

1. Geldanlage als Kredite an Unternehmen

Egal, ob du dein Geld auf dein Kontokorrentkonto, Sparkonto, Festgeldkonto, Termingeldkonto oder ähnliche Konten bei deiner Bank einzahlst – deine Bank gibt dein Geld für Kredite an Unternehmen weiter. Von den Unternehmen nimmt sie Kreditzinsen ein und zahlt dir geringere Sparzinsen zurück. Die Differenz der beiden Zinszahlungen ist der Bankgewinn (Zinsmarge).

Hier ist es noch übersichtlich: Wenn du Kunde bei einer kleineren Bank bist, kennst du vielleicht sogar die regionalen Unternehmen, denen sie dein Geld gibt. Hier kannst du noch relativ leicht einschätzen, ob diese naturschonend oder naturschädigend wirtschaften, um dir die Frage zu beantworten, an welche Unternehmen du dein Geld geben möchtest und an welche nicht.

Stell dir vor, du gehst in deine Bank und sagst, dass du dein Geld nur naturschonenden Unternehmen zur Verfügung stellen möchtest und auf keinen Fall naturschädlichen Firmen. Tatsächlich ist diese Frage für viele Banken und ihre Berater noch neu. Sie werden vielleicht noch überrascht sein. Viele Bankberater werden dein Anliegen allerdings schnell nachvollziehen können, denn deine Anforderung lautet einfach nur: Dein Geld soll möglichst keine Naturschädigung verursachen.

Es gibt bereits etablierte Banken, deren Kerngeschäft es ist, Geld ausschließlich für nachhaltige Zwecke einzusetzen: sogenannte Nachhaltigkeitsbanken. Sie arbeiten transparent, manche veröffentlichen sämtliche Kreditvergaben, andere legen sogar insgesamt offen, wo sie auch ihre eigenen/verwalteten Gelder anlegen. Dort siehst du, wo dein Geld eingesetzt wird. Diese Transparenz ist ein Tabubruch bei vielen konventionell wirtschaftenden Banken. Bei manchen Nachhaltigkeitsbanken kannst du sogar bestimmen, in welche zukunftsfähigen Branchen dein Geld fließen soll: Liegen dir zum Beispiel erneuerbare Energien, gesunde Ernährung oder nachhaltiges Wohnen am Herzen? Dann kannst du dein Geld direkt dort anlegen und diese nachhaltigen Zwecke unterstützen. Das ist ein echter Fortschritt für die Transparenz deines Geldeinsatzes. Du erhältst den Mehrwert, dass dein Geld für Gutes investiert wird – über alle konventionellen Kontoleistungen hinaus.

Was Bankleistungen, Service, Geldautomatendichte, Preise usw. betrifft, stehen die etablierten Nachhaltigkeitsbanken den konventionellen Banken in nichts nach. In Deutschland gehören die meisten Nachhaltigkeitsbanken zum Genossenschaftsverbund, mit den gleichen Verpflichtungen, die die anderen Volksbanken und Raiffeisenbanken auch haben. Alle Nachhaltigkeitsbanken unterliegen den gleichen aufsichtsrechtlichen Pflichten und gesetzlichen Sicherungsanforderungen wie konventionell wirtschaftende Banken. Der Unterschied ist aber, dass sie ihr Wirtschaften priorisiert an ethischen, nachhaltigen Maßstäben ausrichten: zur Wahrung der Natur und zum Wohle der Menschen. Du solltest sie kennen, um sie an deiner konventionellen Bank messen zu können.

Einen guten Überblick zu nachhaltig aktiven Banken gibt der FairFinance-Guide: www.fairfinanceguide.de

Es ist fortschrittlich, den Ausführungen zur nachhaltigen Bewertung unseres Finanzwesens und den Links zu den dort am besten bewerteten nachhaltigen Banken zu folgen. Du wirst überrascht sein, wie einfach und sogar

FairFinanceGuide – Bewertung der Nachhaltigkeitsleistungen von Finanzinstituten durch die NGOs FacingFinance e. V., SÜDWIND e. V. und der Verbraucherzentrale Bremen e. V. Quelle: FairFinanceGuide 2023

begeisternd naturschonendes Banking sein kann, insbesondere wenn du jetzt weißt, dass alle Menschen mit Geld insgesamt die Wirtschaft steuern. Du hast hier die Möglichkeit, mit deinem Geld viel in die richtige Richtung zu bringen.

Nachhaltige Banken verpflichten sich, dein Geld möglichst an naturschonende und soziale Unternehmen zu zahlen und Geldzahlungen an naturschädigende Unternehmen möglichst auszuschließen. Bei Nachhaltigkeitsbanken ist dieser Weg schon für dich bereitet. Sie verändern die Wirtschaft bereits und machen sie natur- und damit zukunftsfähig. Noch sind ihre Marktanteile klein. Stifte weitere Menschen dazu an, sie bekannter und größer zu machen. Ein Kontowechsel aus Überzeugung ist ein schneller, möglicher Schritt.

Bei vielen konventionellen Banken wird deine Frage oder deine Bedingung, dein Geld auf deinen Konten nicht naturschädigend einzusetzen, ein Weiterdenken in Bewegung setzen. Dies ist ein äußerst wichtiger Prozess. Denn konventionelle Banken erkennen so, dass sie ihre Möglichkeiten, Geld naturschonend einzusetzen, stärker ausschöpfen können. Sie geben das Geld ihrer Kunden – möglicherweise ohne Kenntnis dieser wichtigen Zusammenhänge – üblicherweise Unternehmen, die wiederum ihre Möglichkeiten, naturschonender zu produzieren, nicht ausschöpfen. Die bessere Steuerung des Geldes setzt Wissen voraus.

Wer möchte sein Geld denn wissentlich für Naturschädigung zur Verfügung stellen? Alle Finanzinstitute sollten mit ihren Unternehmenskunden in den Dialog über gemeinsame naturschonende Verbesserungen eintreten. Mit deinem und dem gesamten Geldangebot können und sollten Finanzinstitute bei der Vergabe von Krediten gemeinsam mit den Unternehmen planen und überprüfen, wie sie die Produktherstellung naturschonender machen können. Das gilt also nicht nur für die bisher sehr dünn gesäten Nachhaltigkeitsbanken. So kann Demokratie gelingen und die Natur geschont werden.

2. Geldanlage über den Kapitalmarkt an Unternehmen

Zahlen Finanzinstitute die Gelder nicht als Kredite an ihre Kunden, legen sie sie auf dem Kapitalmarkt an. Sehr viel kostengünstiger als über Bankkredite erhalten größere, börsennotierte Unternehmen dort dein Geld von deinem Finanzinstitut zum Kaufpreis ihres jeweiligen Wertpapierbörsenkurses. Größere Unternehmen veräußern so auf den Kapitalmärkten Eigentumsrechte (Aktien) oder ähnliche Wertpapiere als Geldanlagen für ihr Wirtschaften. Dieses Geld investieren sie in die Herstellung ihrer Produkte und zahlen dir dafür einen Teil ihrer Unternehmensgewinne als Dividende zurück.

Der Zusammenhang ist immer derselbe: Welche Unternehmen möchtest du unterstützen und welche nicht? Von welchen Unternehmen möchtest du bewusst keine Gewinnbeteiligung annehmen, weil dies der Natur schadet oder Menschenrechte verletzt? Beides – Naturschädigung wie Naturschonung – ist legal, es ist deine Entscheidung.

Die oben skizzierte Anonymität der Unternehmenseigentümer, also der verantwortlichen Entscheider für Naturschädigungen oder Naturschonung, zeigt das Dilemma der für Aktiengesellschaften rechtlich gesicherten Entfremdung vom Unternehmen. Erwirbst du bei einer Bank Aktien von einem Massentierhaltungsunternehmen oder einem Kohleabbauunternehmen, einem Unternehmen, das sogar illegal Natur- oder Regenwälder rodet, ist dein Kauf ganz legal. Dann wirst du (Teil-)Eigentümer. Und dank des »Bankgeheimnisses« weiß es keiner.

Wie viele Aktionäre wissen überhaupt, dass sie die Eigentümerverantwortung für Naturschädigung oder Naturschonung haben? Bisher weisen konventionelle Bankberater ihre Kunden kaum auf die Naturauswirkungen ihrer Geldanlageempfehlungen hin. Diese massive Entfremdung der Kapitalmärkte in ihrer anonymisierten, globalen Geldsteuerung führt zur Ausgrenzung der Verantwortung für die Natur. Sie führt sogar zur Normalisierung und Akzeptanz der Naturschädigung und der bereits begangenen Naturschäden.

Beispiel Börsennachrichten: Der Fokus der Berichterstattung für Anleger/Investoren liegt hier auf der Gewinnorientierung von Unternehmen und ihrer Börsenkursentwicklung. Grundsätzlich werden Naturschädigungen durch Produkte oder Unternehmen kaum mit ihren Börsenkursen in Zusammenhang gebracht, geschweige denn erklärt. Auch bei Konzernen, die ihr Geld mit Erdölförderung, Kohleabbau oder anderen naturschädigenden Praktiken verdienen, spricht man schlicht von »guten Gewinnerwartungen«.

Was wären das für neue Unternehmensnachrichten, die auch ihre ökologischen Kollateralschäden oder naturschonende Maßnahmen melden? Nachhaltig aktive Unternehmen könnten mit ihren naturschonenden Wettbewerbsvorteilen sicher auch hier punkten. Die Integration nachhaltiger Aspekte in die Finanzkultur wäre ein bedeutender Beitrag, um die Art unseres Wirtschaftens naturschonender zu gestalten.

Du könntest über deine Bank bzw. dein Finanzinstitut an deinem heimischen Computer Aktien von einem brasilianischen Öl- oder Regenwaldabbauunternehmen kaufen. Dann bist du Miteigentümer dieser brasilianischen Aktiengesellschaft. Vor Ort, in Brasilien, wo die Regenwaldabholzung für kurzfristige Unternehmensprofite sogar politisch unterstützt wurde, arbeiten angestellte Vorstände und Geschäftsführer für deinen Unternehmenszweck. Sie haben dabei womöglich auch politische Vorteile und verdienen ordentlich. Du kannst von ihren Gewinnen profitieren, die sie bei der Vermarktung der letzten Baumriesen und dem anschließenden riesigen Sojaflächenanbau erzielen.

Ein ganz legales und ganz normales, konventionelles Wirtschaften. Zur Erinnerung: In Deutschland sind wir mit dem konventionellen Industrialisierungsprozess schon längst durch. Hier haben wir nur noch 0,6 Prozent Naturwaldfläche bzw. »Wildnis« übrig gelassen (Bundesumweltministerium Deutschland 2017). Und das ist nur ein Beispiel für die Folgen konventionellen Wirtschaftens.

Bei Nachhaltigkeitsprüfungen von Unternehmen in öffentlich skandalisierten Branchen fällt die Entscheidung für oder gegen die Natur noch leicht. Die Komplexität steigt aber immens, wenn du dir Wertpapierfonds kaufen möchtest, die dein Geld an eine Vielzahl verschiedener Unternehmen zahlen und diese während der Laufzeit auch noch austauschen können. Hierzu zwei Ratschläge:

1. Für eine schnelle ökologische Nachhaltigkeitsprüfung solltest du dir immer das Kerngeschäft des jeweiligen Unternehmens anschauen:

- Welche Produkte stellt das Unternehmen her?
- Wie naturschonend sind die eingesetzten Materialien (Energien eingeschlossen)?

Mit diesen beiden wichtigsten Fragen kannst du schnell im Wesentlichen einschätzen, wie naturschonend diese Unternehmen agieren. Mit zunehmendem Interesse und wachsendem Wissen zu den Unternehmens- und Produktauswirkungen auf die Natur wirst du immer schneller und sicherer in deiner Einschätzung. Du kannst dieses Wissen bei all deinen Geldanlagen wie auch in deinem Konsum direkt anwenden und dir die Produkte aussuchen, die dir wirklich gefallen. Dein Wissen und dein Gefühl sollten den Ausschlag bei deiner Entscheidung geben, wem du dein Geld überlässt. Dies gilt immer, auch für den zweiten Rat:

2. Für komplexe Entscheidungen, insbesondere in Fachgebieten, die einem zunächst eher fremd sind, sollte man den Rat von vertrauenswürdigen Experten einholen. Wie beschrieben, gibt es Nachhaltigkeitsbanken und auch immer mehr Nachhaltigkeitsanlageberater, die in diesem Geldverteilungsmarkt arbeiten. Du kannst sie im Internet finden. Und natürlich sollte dir dein Finanzinstitut für deine nachhaltige Unternehmensprüfung zur Seite stehen, wenn du dort nachfragst.

Im Folgenden erhältst du einen Überblick zum »Nachhaltigkeitsmanagement« bei Finanzinstituten. Dies ist ein weiteres Rüstzeug, um die Bankempfehlungen zur Unternehmens- bzw. Geldanlageauswahl gut einschätzen zu können.

Das kleine ABC nachhaltiger Geldanlagen

In einer sehr langen Tradition haben Finanzinstitute ihre Geldanlagen mit den Argumenten des »magischen Anlagedreiecks« verkauft. Dabei können sie die Eignung der Geldanlagen für Kunden mit drei Fragestellungen einstufen:

1. Wie sicher soll die Geldanlage sein? (Risiko des Geldverlustes)
2. Wie hoch ist die Rentabilität der Geldanlage? (Höhe des Anlagegeldzuwachses)
3. Wie liquide ist die Geldanlage, das heißt, wie schnell kann der Kunde die angelegte Summe wieder zurückbekommen?

In diesen bewährten drei Fragestellungen werden die rein finanziellen, von jedweder Realwirtschaft abstrahierenden Ansprüche logisch vollkommen abgebildet.

Zusätzlich werden die Börsenkursverläufe der Geldanlagen bzw. die Wertsteigerungen der Unternehmen zumeist in Diagrammen dargestellt. »Zahlen lügen nicht.« Dabei sind die Kursverläufe der Unternehmen immer retrospektiv, das heißt, ihre Wertentwicklungen beziehen sich auf die Vergangenheit. Jede Weiterzeichnung der Graphen in die Zukunft ist eine subjektive Schätzung.

In diesem Set der konventionellen wirtschaftlichen Finanzberatung, dem magischen Anlagedreieck und den retrospektiven Kursverläufen, kommen die »Natur«, »Soziales« oder »Nachhaltigkeit« bisher nicht vor. Konventionell tätigen Kunden die finanziell abstrakt dargestellten Geldanlagen bei Unternehmen aufgrund ihrer »Performance«, in der sich nur die in Geld gemessene abstrakte finanzielle Wirtschaftsleistung zeigt. Auf der Metaebene der Unternehmens- oder ganzer Branchenbetrachtungen geben Finanz- und Wirtschaftsresearch-Institute ihre Prognosen für die künftigen finanziellen Wertentwicklungen ab. Dies gilt als Expertenempfehlung mit hoher Glaubwürdigkeit.

An der Spitze der Expertenempfehlungen wird dem Sachverständigenrat der »fünf Wirtschaftsweisen«, der die deutsche Bundesregierung berät, eine große Kompetenz bescheinigt. Mit seinen Zukunftseinschätzungen der Wirtschaftsentwicklungen hat er – fast wie eine selbsterfüllende Prophezeiung –

Einfluss auf die Käufe und damit auf die Börsenkurse der Unternehmen. Ähnlich beeinflussen auch die häufig medial eingesetzten politischen Wahlprognosen die Wähler. Aufgrund des großen Vertrauens in die »Gesamtexpertise« der Experten akzeptieren viele Anleger diese standardisierten Empfehlungen der Bankberatung. Ökologische oder soziale Aspekte werden hier kaum erörtert oder in einen Zusammenhang mit Geldanlagen gebracht.

»Und die Natur?« Diese »kleine Frage« kann jetzt das Konzept der klassischen, konventionellen Bankberatung ändern.

Magisches Anlageviereck

Die Finanzwelt hat methodisch reagiert: In der nachhaltigen Anlageberatung wurde das »magische Dreieck« zum Viereck ausgebaut. Neben den von der Realwirtschaft abstrakten drei rein finanziellen Fragestellungen wurde die vierte Fragestellung »Nachhaltigkeit« eingebaut. In dieser vierten Fragestellung wird thematisiert, was und wie das Unternehmen denn eigentlich produziert, dem du dein Geld gibst. Ist es naturschädlich oder unsozial, oder ist es zukunftsfähig angesichts unserer wachsenden Weltbevölkerung und ihrer ökologischen Entwicklungen? Dies wird immer mehr auch zum finanziellen Faktor, weil Naturschädigung immer mehr Geld kostet und dieses Thema als Nachfragefaktor für die Kaufentscheidung ins Bewusstsein der Menschen rückt.

Aber wie erhältst du die Nachhaltigkeitsinformationen zu den einzelnen Unternehmen deiner Geldanlagen?

Damit sind wir bei der Kernfrage angekommen. Auch Finanzberater verfügen natürlich nicht über das vollständige Wissen zu sämtlichen komplexen Produktmaterialien, ihrer Förderung aus der Natur, ihren Herstellungs- und Transportmethoden, den eingesetzten Energien sowie ihren Zulieferbetrieben und der gesamten Lieferkette sowie den Emissionen aller Produkte und Dienstleistungen. Dies verdeutlicht die Grundproblematik unseres überaus komplexen Wirtschaftssystems: das fehlende Wissen und die fehlende Transparenz zur Materialverwendung und zu den Produktherstellungen in Unternehmen.

Du solltest aber bei deiner Finanzberatung die elementarsten Informationen über die ökologischen und sozialen Wirkungen der jeweiligen Unternehmensprodukte erhalten können. Sie werden heute von Nachhaltigkeits-

Researchagenturen zusammengestellt. Diese arbeiten prinzipiell wie Wirtschafts-Researchagenturen bzw. wie die Wirtschafts-Researchabteilungen von Finanzinstituten, doch sie analysieren die vierte Fragestellung des neuen »magischen Anlagevierecks«: die Nachhaltigkeitsleistungen der Unternehmen. Bei immer mehr Finanzinstituten sind sie mittlerweile ein Standard für die nachhaltige Einschätzung ihrer eigenen Geldanlagen sowie für die Kundenberatung zu nachhaltigen Geldanlagen.

Nachhaltigkeits-Researchagenturen führen standardisiert die ökologischen, sozialen und die für das Unternehmensmanagement (»gute Unternehmensführung«) relevanten Informationen (Ecological/ökologisch, Social/sozial, Governmental/Unternehmensführung = »ESG-Kriterien«) über eine Vielzahl von Unternehmen zusammen und verdichten sie strukturiert in Nachhaltigkeitskriterien, wie zum Beispiel Auswirkungen auf die Biodiversität, Materialverbrauch, Wassernutzung, Energiemanagement und Klimaschutz, Emissionen, Abfallmanagement/Recycling, Logistik, Produktverantwortung, Interessen der Mitarbeiter, Verantwortung in der Lieferkette, gesellschaftliche Verantwortung etc. Hierzu werten sie die Daten der Unternehmen (Nachhaltigkeitsberichte, Nachhaltigkeitskommunikation, Pressemitteilungen) sowie die öffentliche Berichterstattung über die Unternehmen aus (Wirtschaftsinformationen, Pressemeldungen, Medienberichte etc.). Diese vielen zugänglichen Informationen tragen sie in ihren mittlerweile gewaltigen Datenbanken zusammen und gleichen sie teilweise in Befragungen mit den Unternehmen ab, in denen diese die Möglichkeit erhalten, sie zu korrigieren, wenn sie nachgewiesenermaßen falsch sind.

Nachhaltigkeits-Researchagenturen machen Unternehmen einschätzbar und vergleichbar und geben Anlegern heute eine große Informationstransparenz. Dies ist die wesentliche Quelle der Finanzinstitute für Informationen über die Nachhaltigkeitsleistungen von Unternehmen. Darüber hinaus setzen einige Finanzinstitute für die Entwicklung neuer Geldanlagen schon immer mehr Nachhaltigkeits- und Branchenexperten ein, die die Nachhaltigkeitsleistungen bewerten. Frag dein Finanzinstitut einfach nach diesen Informationen, um die Unternehmen, bei denen du dein Geld über dein Finanzinstitut möglicherweise anlegen möchtest, bewerten zu können.

Dieses Rüstzeug soll dir helfen, Klarheit über die Auswirkungen deines Geldes zu gewinnen und dein Wissen zu deinen Produkt- und Unternehmenseinschätzungen weiterzuentwickeln. Nutze die neue Definition für

Geld: »Mit Geld beeinflusst du jemanden, etwas zu tun oder zu unterlassen!« Suche dir die besten Produkte von den Unternehmen, für die du dich bewusst entscheiden möchtest.

Eigentlich sollte dies jeder wissen, um die Art des Wirtschaftens zu verbessern. Doch wie ist der Stand hierzu in unserer Gesellschaft?

Gesellschaftliche Entwicklungen

Das Dilemma: In der Gesellschaft ist diese für die Naturschonung elementare Funktion der Geldvermittlung durch Finanzinstitute an Unternehmen schlicht kaum bekannt. Ebenso wenig bekannt ist den meisten Menschen, dass sie ihr Geld naturschonend einsetzen können. Und ohne öffentlichen Druck kümmert sich die Politik bisher kaum um diesen mächtigen Veränderungsfaktor. Über die gesetzlichen Vorgaben hinaus werden Unternehmen, die Naturschonung und Nachhaltigkeit anstreben, bisher ziemlich allein gelassen.

Die Spitzenverbände der Finanzinstitute stellen das Thema »Nachhaltige Geldanlagen« noch als »Nischenthema mit Wachstumsprognosen« dar. Zum Kenntnisstand der Bevölkerung über nachhaltige Geldanlagen bilden sie thematisch kurz gehaltene Bevölkerungsbefragungen ab.

Laut einer Studie des Bundesverbands Öffentlicher Banken Deutschlands von 2019 sind 50 Prozent der Bundesbürger der Ansicht, dass Nachhaltigkeit »mehr als nur ein Hypethema ist und nicht so bald wieder an Bedeutung verlieren wird«.

Zu der Aussage »Mein persönliches Interesse an nachhaltigen Geldanlagen ist sehr gestiegen« bekannten sich lediglich 13 Prozent (»trifft zu«) sowie eingeschränkt 32 Prozent (»trifft eher zu«), »wobei der Geldanlage generell von vielen Bürgern keine besondere Beachtung geschenkt wird«. Zur Verantwortung der Finanzdienstleister hieß es: »74 Prozent der Bundesbürger erwarten von Finanzdienstleistern, dass sie Druck auf Unternehmen ausüben, damit diese nachhaltig arbeiten«, wobei dieser »Druck« nicht erklärt wurde. Die befragten Bankexperten beurteilten »Umweltthemen« gegenüber »Gute Unternehmensführung« und »Soziales« als das mit großem Abstand bedeutendste Thema (Bundesverband Öffentlicher Banken 2019).

Auch der Bundesverband deutscher Banken kommt in seinen Studien zu einem ähnlichen Bild: 2022 »hat die Hälfte der Befragten schon einmal den

Begriff ›nachhaltige Geldanlage‹ gehört«. Vor zwei Jahren war es erst ein Drittel. Allerdings wissen viele nicht, was sich hinter dem Begriff verbirgt. Damit ist klar: Mehr Information und Aufklärung rund um das Thema »nachhaltige Geldanlagen« ist notwendig. Hier wurde nur die Nennung von Nachhaltigkeitsthemen abgefragt. Die Hebelwirkung, das heißt, ob den Befragten bekannt ist, dass sie mit ihrem Geldeinsatz Naturschonung fördern können, wurde nicht thematisiert.

2019 »hielten lediglich 5 Prozent der Befragten nachhaltige Geldanlagen in ihrem Depot«. Die Zahl der Deutschen, die in nachhaltige Geldanlagen investieren, hat sich bis 2022 mehr als verdoppelt. Nach wie vor halten jedoch Wissenslücken und fehlende Informationen viele Anleger*innen von nachhaltigen Geldanlagen ab. Auch noch 2022 schreckte viele Anleger*innen die vermutete Erwartung einer zu geringen Rendite ab.

Die Investition in nachhaltige Geldanlagen durch Anleger*innen steigt mit ihrem verfügbaren Einkommen deutlich an. »Bei Personen mit einem Nettohaushaltseinkommen über 3.500 Euro liegt der Anteil 2022 bereits bei 24 %.« 61 Prozent der Befragten könnten sich 2022 bereits vorstellen, zukünftig in nachhaltige Geldanlagen zu investieren (Bundesverband deutscher Banken 2019 und 2022).

Es liegen keine repräsentativen Informationen zum Kenntnisstand der Bevölkerung zur systemischen Hebelwirkung für die nachhaltige Transformation der Wirtschaft und zur daraus begründeten Motivation für nachhaltige Geldanlagen vor. Dieses wesentliche Wissen dürfte in der Bevölkerung kaum vorhanden sein.

Bisher nehmen die meisten Finanzinstitute ihre wirtschaftssystemisch sehr mächtige Vermittlerrolle zwischen Geldgeber*innen und Unternehmen zum Zwecke der dringend gebotenen naturschonenden Wirtschaftstransformation insgesamt kaum wahr.

Politische und rechtliche Entwicklungen

Kleine Vorgeschichte: Funktioniert unsere Demokratie für Klimaschutz?

Vor circa zehn Jahren veränderte sich – von der Öffentlichkeit weitgehend unbemerkt – das Vokabular zum Thema Klima- und Erderwärmung. Bis dahin sprach man von »Klimaschutz«, das heißt, die Temperaturerhöhung sollte verhindert werden. Dann wurde schleichend von vielen Regierungen ein neuer Begriff eingeführt: »Klimafolgenbekämpfung«. Damit wurde die Klima- und Erderwärmung stillschweigend und von vielen unbemerkt akzeptiert. Der Begriff wurde normalisiert. Man konzentriert sich nunmehr auf den Umgang mit den scheinbar akzeptierten Klimafolgen – auf den Bau von Deichen, Staumauern, Flussauen, auf Flüchtlingshilfen, Subventionen für Landwirtschafts- und Forstschäden, Flutkatastrophenhilfen, Hitzeschutzmaßnahmen etc.

Es gab bei diesem »Expertenthema« keine demokratische Entscheidung der Bürger. Wer möchte denn die Klima- und Erderwärmung akzeptieren, wenn wir doch wissen, dass die konventionelle Art des Wirtschaftens dafür ursächlich ist und dass wir unser Wirtschaften naturschonender machen können?

Und diese ethische Frage sei auch erlaubt: Wer darf die Klima- und Erderwärmung auch nur dulden? Wer hat das »Recht« auf diese Unterlassung? Und wenn ja: wofür denn? Wem nutzt dies?

Die Entwicklung zur naturschonenden Transformation des Geldwesens

2015 hat sich die globale Staatengemeinschaft mit dem Pariser Klimaabkommen das Ziel gesetzt, die globale Erwärmung auf »deutlich unter 2 Grad und möglichst auf 1,5 Grad zu begrenzen«. Parallel dazu hat sich die Weltgemeinschaft 17 globale Nachhaltigkeitsziele (Sustainable Development Goals) gesetzt, um eine nachhaltige Entwicklung in allen Ländern der Erde zu gewährleisten.

2019 stellte die EU-Kommissionspräsidentin Ursula von der Leyen den »European Green Deal« mit einem damals angekündigten Investitionsvolumen von 1 Billion Euro vor, der das Ziel verfolgt, bis 2050 die Nettoemissionen von Treibhausgasen in der Europäischen Union auf null zu reduzieren. Europa soll hiermit als erster Kontinent netto-»klimaneutral« werden. Dabei soll insbesondere der Finanzsektor verpflichtet werden, seiner Geldlenkungsfunktion mit ökologischer Verantwortung gerecht zu werden.

2018 verabschiedete die Europäische Kommission hierzu ihren Aktionsplan »Finanzierung nachhaltigen Wachstums« (EU-Mitteilung 2019). Hierin formulierte die EU ihren Plan für ein »Finanzwesen für eine nachhaltigere Welt«. Ziele:

1. Die Kapitalflüsse sollen hierzu neu ausgerichtet werden,
2. Nachhaltigkeit soll in das Risikomanagement von Finanzentscheidungen eingebettet werden,
3. Transparenz und Langfristigkeit der ganzheitlichen Wirtschaftsprognosen sollen erreicht werden.

Zur Erreichung dieser Ziele müssen bestimmte Maßnahmen umgesetzt werden: Es gilt,

1. ein einheitliches Klassifikationssystem für nachhaltige Tätigkeiten zu entwickeln (siehe unten »Taxonomie für nachhaltige Geldanlagen«),
2. Normen und Kennzeichen für umweltfreundliche Finanzprodukte zu schaffen (analog zu den oben genannten Labels und Zertifizierungen),
3. Investitionen in nachhaltige Projekte zu fördern,
4. Nachhaltigkeit in der Finanzberatung zu berücksichtigen,
5. Nachhaltigkeitsbenchmarks zu entwickeln.

Schauen wir uns einmal an, was bisher erreicht wurde – zunächst die bisherige Transparenzoffensive der EU (vor allem die Maßnahmen 1 und 2) und dann den aktuellen Status zur vielversprechenden Rolle der Finanzinstitute als Geldvermittler (Maßnahmen 4 und 5).

Die Transparenzoffensive der EU

Aktuell entwickelt die EU grundsätzliche Regelungen, das Geld über nachhaltige Geldanlagen in Richtung nachhaltiges Wirtschaften zu lenken. Geleitet vom EU-Aktionsplan, formuliert die EU mit ihrer neuen Definition (»Taxonomie«) für nachhaltige Geldanlagen das Ziel der Geldsteuerung. Die EU-

Verordnung 2020/852 vom 18. Juni 2020 enthält die Kriterien zur Bestimmung, ob und in welchem Grad eine Wirtschaftstätigkeit als ökologisch nachhaltig einzustufen ist. Nachhaltige Geldanlagen und damit ökologisch positiv wirksame Investitionen in Unternehmen werden hier erst definiert. Die EU hat hiermit gerade den ersten, grundlegenden Schritt getan, um zu bestimmen, was überhaupt ökologisch nachhaltig (naturschonend) genannt werden soll:

a) Klimaschutz;
b) Anpassung an den Klimawandel;
c) die nachhaltige Nutzung und Schutz von Wasser- und Meeresressourcen;
d) der Übergang zu einer Kreislaufwirtschaft;
e) Vermeidung und Verminderung der Umweltverschmutzung;
f) Schutz und Wiederherstellung der Biodiversität und der Ökosysteme.

Hiermit hat die EU die ökologischen Ziele der notwendigen Wirtschaftstransformation für nachhaltige Geldanlagen im Jahr 2020 festgelegt. Damit wird die Frage beantwortet, welche Finanzinvestitionen den Titel »nachhaltige Geldanlage« tragen dürfen und welche nicht. Nachhaltige Mindestgrößen zu den einzelnen sechs Taxonomiekriterien für einzelne Produkte/Unternehmen sollen hierzu sukzessive entwickelt werden. Werden diese von Unternehmen erreicht, darf die Geldanlage/Investition »nachhaltige Geldanlage« genannt werden. Hierdurch sollen für die EU-taxonomiekonformen Unternehmen Marktvorteile für Investitionen bzw. Geldanlagen entstehen. Denn die hierdurch als nachhaltig verifizierten Geldanlagen sollen eine besondere Attraktivität für Investoren/Anleger erhalten. Auf diese Weise soll mehr Geld zu naturschonenden Unternehmen gelenkt werden.

Zur Erreichung dieser neuen, wirtschaftstransformativen Nachhaltigkeitsziele führt die EU bisher eine »Transparenzoffensive«. Große Unternehmen werden verpflichtet, über ihre Auswirkungen auf die Natur und die Gesellschaft zu berichten.

Börsennotierte Unternehmen mit mehr als 500 Mitarbeitern werden seit 2018 gemäß CSR-Richtlinie-Umsetzungsgesetz (CSR-RUG, BMJV 2017) verpflichtet, über ihre »Umweltbelange«, »Arbeitnehmerbelange«, »Sozialbelange«, »die Achtung der Menschenrechte« und »die Bekämpfung von Korruption und Bestechung« zu berichten. Die EU-weit 11 600 verpflichteten Unternehmen sollen hierzu ihre »Konzepte« und »Due-Diligence-Prozesse« beschreiben und zu »wesentlichen Risiken« ihrer Unternehmenstätigkeit und ihren »sehr wahrscheinlich schwerwiegenden negativen Auswirkungen« »Angaben« machen (CSR-RUG § 289 c). Dies ist die derzeit geltende gesetzliche Grundlage für die Erstellung von Nachhaltigkeitsberichten für Unternehmen.

Ab 2024 sollen weitere, auch mittelgroße Unternehmen ab 250 Mitarbeitern verpflichtet werden, nach vereinheitlichten Berichtsleitlinien der EU in ihren Geschäfts- bzw. Lageberichten über ihre Nachhaltigkeitsleistungen zu berichten. Insgesamt sollen dann EU-weit 49 000 Unternehmen dazu verpflichtet werden, Nachhaltigkeitsberichte zu erstellen (EU-Richtlinienvorschlag »Corporate Sustainability Reporting Directive – CSRD«).

Die 2019 erlassene EU-Leitlinie für die klimabezogene Berichterstattung (EU-Mitteilung 2019/C209/01) gibt den börsennotierten Unternehmen weitere Hilfestellungen, ihre klimaschädlichen Emissionen zu erfassen und hierüber zu berichten. Diese decken sich methodisch weitgehend mit den bereits viele Jahre bestehenden, global führenden Leitlinien des Greenhouse Gas Protocol (https://ghgprotocol.org), die seit Langem auch die maßgeblichen Nachhaltigkeitsberichtsstandards anwenden (zum Beispiel Global Reporting Initiative, https://www.globalreporting.org).

Die EU-Offenlegungsverordnung 2019/2088 legt fest, wie Finanzinstitute ab 2021 über ihre Einbeziehung von Nachhaltigkeitsrisiken und negative Nachhaltigkeitsauswirkungen in ihren Prozessen öffentlich zu berichten haben. Dabei sollen sie ihre Strategien zur Einbeziehung von Nachhaltigkeitsrisiken bei ihren Investitionsentscheidungsprozessen und bei ihren Anlageberatungs- bzw. Versicherungsberatungstätigkeiten veröffentlichen.

»Ohne ausreichende, zuverlässige und vergleichbare nachhaltigkeitsbezogene Informationen von Unternehmen, in die investiert werden soll, ist der Finanzsektor nicht in der Lage, Kapital effizient in Investitionen lenken, mit denen Lösungen für die Nachhaltigkeitskrisen, mit denen wir konfrontiert sind, vorangetrieben werden; ebenso wenig kann er die aus diesen Krisen entstehenden Investitionsrisiken wirksam ermitteln und bewältigen.« (EU-Mitteilung 2019/C209/01)

So bringt die EU mit ihrer Transparenzoffensive die Unternehmen erst einmal dazu, Daten über ihre Emissionen sowie naturschädigende und naturschonende Maßnahmen zu liefern, um den jeweiligen Status der Naturschonung ermitteln und künftig Vergleiche von Unternehmen innerhalb einer Branche ziehen zu können.

Bewertung der »Transparenzoffensive«

Wir haben die sehr dringende Aufgabe, die Unternehmen zu eruieren, die bereits naturschonend arbeiten, und alle anderen Unternehmen nach diesem Vorbild weiterzuentwickeln. Die naturschonenden Unternehmen sollen unser Geld erhalten, um die Finanzierung ihrer Produkte und ihrer gesamten Wertschöpfungsketten in die richtige Richtung zu entwickeln. Damit werden sie mit ihren naturschonenden Wettbewerbsvorteilen konkurrierende Unternehmen dazu bringen, es ihnen gleichzutun oder sogar noch besser zu werden.

Die inhaltlich bisher zu wenig vereinheitlichende Nachhaltigkeitsberichtspflicht für größere, börsennotierte Unternehmen ab 500 Mitarbeitern – kleinere und nicht börsennotierte Unternehmen sind bisher nicht berichtspflichtig – lieferte uns bisher erst einen Überblick zu den Auswirkungen von größeren Unternehmen auf die Natur und die Gesellschaft.

Die Nachhaltigkeits-Researchagenturen und die Finanzinstitute konnten bislang auch nur diese wenig einheitlichen Nachhaltigkeitsberichte als Hauptgrundlage für ihre Datenbanken, Unternehmensvergleiche und Geldanlageentscheidungen nutzen. Es ist zu erwarten, dass ab 2024 mit der gerade in Entwicklung befindlichen EU-Standardisierung des EU-Richtlinienvorschlags »Corporate Sustainability Reporting Directive – CSRD« eine vergleichbarere Transparenz zu vielen weiteren Unternehmen erreicht wird.

Aber wie könnte mit diesen Berichten – neben der Bewertung der Nachhaltigkeitsleistungen der berichtenden Unternehmen – die erforderliche Einschränkung ihrer ursächlichen Naturschädigungen vorgenommen werden?

Um die Ziele des Pariser Klimaabkommens zu erreichen, müsste hierzu zunächst logisch – und demokratisch wie ethisch fundamental – definiert werden, wie weit die Klima- und Erderwärmung denn ansteigen darf. Laut dem Pariser Klimaabkommen soll die Temperaturerhöhung auf »deutlich unter 2 Grad Celsius und möglichst auf 1,5 Grad Celsius« begrenzt werden. In den 0,5 Grad Unterschied stecken gigantisch viele CO_2-Emissionen, die als Klimafolgen bedrohliche Kipppunkte auslösen könnten (siehe Kapitel »Unsere Klima- und Erderwärmung«).

Wir verzeichnen heute bereits eine Klimaerwärmung von weltweit durchschnittlich 1,2 Grad Celsius und darüber hinaus immer mehr CO_2 in der Atmosphäre, was ursächlich für weiter steigende Temperaturen ist. Das Pariser Klimaabkommen wurde von der Staatengemeinschaft erarbeitet. Was aber würden die Menschen antworten, wenn man sie fragen würde: »Wie viel Grad Erderwärmung möchten Sie? 2 Grad, 1,5 Grad, 1 Grad oder gar null Grad?«

Nach der demokratischen Festlegung des konkreten Erwärmungsziels für die Erde, für alle Lebewesen wie für alle Menschen müsste logisch bestimmt werden, wie viel CO_2 jede Branche und damit jedes Unternehmen emittieren darf, um das demokratisch festgelegte Temperaturziel zu erreichen. Dies wäre die rechnerische Lösung für alle: konkrete Emissionsrichtwerte zur Orientierung für Unternehmen und für uns als Geldanleger*innen/Investor*innen/Konsument*innen. Denn ohne konkrete Bemessungsgrundlage der CO_2-Menge ist logischerweise keine CO_2-Steuerung für alle verursachenden Unternehmen denkbar, geschweige denn rasch zu erwarten.

Auch über das bisher in Planungen befindliche Benchmarking der EU-Taxonomiekriterien in einer EU-Datenbank – zum Beispiel der 10 Prozent naturschonendsten Unternehmen (oder ähnlich) – ist allenfalls eine langsame Entwicklung hin zu »nachhaltigen Geldanlagen« in den verschiedenen Märkten zu erwarten. Im Wettbewerb der Unternehmen bleibt eher abzuwarten, wie sich die Marktlenkung mithilfe dieses Benchmark-Marketingvorteils der EU-Taxonomie – ähnlich wie ein Ökotest-Gütesiegel – entwickeln wird (vgl. oben: EU-Aktionsplan »Finanzierung nachhaltigen Wachstums«, Nr. 5).

Wann wird unsere Gesellschaft mit ihrer konventionellen Art des Wirtschaftens zu einer transparenten Thematisierung des existenziellen Erderwärmungsproblems bereit sein?

Mit ihrer bisherigen »Transparenzoffensive« überlässt die Politik die naturschonenden Verbesserungen den Unternehmen im Wettbewerb mit ihren Nachhaltigkeitsleistungen. In diesem – wünschenswerten – marktwirtschaftlichen Wettbewerb müssten die Konsumenten und Investoren letztlich die Taxonomie- und Nachhaltigkeitsberichtsinformationen der verschiedenen Produkte bzw. Unternehmen kennen, verstehen und als Argumente bei ihren Kauf- bzw. Investitionsentscheidungen zur Auswahl ihrer Produkte bzw. ihres Unternehmensangebotes berücksichtigen. Die hierfür notwendige öffentliche Kenntnisnahme, ein verbreitetes Verständnis oder gar eine notwendige öffentliche Diskussion zu den Nachhaltigkeitsleistungen der Unternehmen oder eine Wissensvermittlung zu den ökologischen Entwicklungen im Zusammenspiel mit unserem Wirtschaften bleibt jedoch fast vollständig aus.

In unserer politisch verzögernden Situation der »Transparenzoffensive« bleibt eher die Hoffnung, dass Unternehmen selbst die stark wachsenden Wettbewerbsvorteile durch ein naturschonendes Wirtschaften weiter erkennen und weiter bessere Produkte herstellen. Es zeigt sich jedoch schon lange, dass das politische Ruhekissen der Freiwilligkeit von Unternehmen bisher insgesamt kaum zur Emissionsreduktion führt. Die CO_2-Emissionen steigen sogar indes weltweit weiter, und dies in den letzten zehn Jahren sogar immer stärker.

Auch die hier professionalisierten Nachhaltigkeits-Researchagenturen wie auch die Finanzinstitute werden bei den Hauptfragen zu den Potenzialen der Unternehmen beim Klimaschutz weiter allein gelassen:

1. Sind 2 Grad Klimaerwärmung, 1,5 Grad oder weniger akzeptabel?
2. Sind die Emissionsmengen/-reduktionen von Branchen und ihren jeweiligen Unternehmen hierfür angemessen?
3. Es fehlen Emissionsrichtwerte für alle Branchen/Unternehmen wie auch maximale Hilfestellungen für sämtliche Unternehmen zur Erreichung ihrer Emissionsrichtwerte.

Ohne konkrete CO_2-Zielvorgaben überlässt die Politik – überspitzt gesagt – die »Nachhaltigkeitswerbung« der Unternehmen großteilig weiterhin der individuellen, subjektiven Bewertung der Kund*innen und Investor*innen. Sie löst damit die gefühlte Nichtselbstwirksamkeit jeder/jedes Einzelnen nicht, sondern treibt sie weiter voran. Um es zu Ende zu denken: Dies fördert weiter die gesellschaftspolitische Resignation gegenüber unserem größten Menschheitsproblem.

Zur Einordnung: Die Grundsatzentscheidung, wie viel Klima- und Erderwärmung wir veranlassen möchten, ist keineswegs trivial, sondern existenziell. Dies gilt auch für viele andere existenzielle Schädigungen des Ökosystems – zum Beispiel Artensterben, Naturflächenverbrauch, Bodendegradierung, Meeresschädigungen, Überfischung etc.

Ein Fünfjähriger würde grundsätzlicher fragen: Warum dürfen wir die Erde überhaupt erwärmen?

Nachhaltige Beratungspflicht für Finanzinstitute

Mehrere Jahre hat die Europäische Union an einer durchaus wirkkräftigen Ergänzung der Regulierung von Banken und Versicherungen durch die Integration von Nachhaltigkeitsaspekten in Geldanlageprozessen gearbeitet (»Markets in Financial Instruments Directive« MiFID und »Insurance Distribution Directive« IDD; EU-Verordnung 2017/565). Seit 2022 verpflichtet die EU nun alle Finanzdienstleister, ihren Kund*innen in Anlageberatungen schlicht die Frage zu stellen, ob sie ihr Geld nachhaltig anlegen möchten. Eine kleine Lösung, aber sehr sinnvoll, denn sie bringt das Thema »Nachhaltigkeit« an den Ort der größten Wirksamkeit: die Geldanlage bzw. Investition in (naturschonende) Unternehmen. Und sie könnte alle Kund*innen für diese Zusammenhänge sensibilisieren.

Mit dieser Fragepflicht wurde der erste Grundstein auf dem Weg einer gesetzlich vorgeschriebenen Bewusstseinsbildung im Finanzsystem gelegt: »Legen Sie Wert auf Nachhaltigkeitsaspekte bei Geldanlageprodukten?« (oder ähnlich). Finanzinstitute sind jedoch weder zur naturschonenden Geldsteuerung verpflichtet noch gesetzlich dazu angehalten, ihre Kund*innen oder die Bürger*innen weiter zu sensibilisieren oder darüber aufzuklären, dass und wie sie ihr Geld an naturschonende und nicht an naturschädigende Unternehmen zahlen könnten. Und Finanzinstitute sind ebenfalls nicht verpflichtet, ihre Kund*innen nachhaltig zu beraten oder ihnen naturschonende Geldanlagen anzubieten. Und sie sind auch nicht verpflichtet, ihr »eigenes«/verwaltetes Geld selbst nachhaltig anzulegen.

Angesichts der hier beschriebenen Zusammenhänge wirkt dies geradezu absurd. Insbesondere das Fehlen der Nachhaltigkeitsberatung in den EU-Verordnungen macht das große Dilemma der bisher fast vollkommen fehlenden Entwicklung einer massiven Geldsteuerung hin zu einem besseren Wirtschaften aus. Die Potenziale dieses mächtigen Nachhaltigkeitshebels sind schlicht immer noch weitgehend unbekannt – sowohl bei vielen Finanzinstituten wie auch bei den meisten Kund*innen bzw. in der Öffentlichkeit.

Die Einführung dieses ersten Grundsteins der Fragepflicht nach Nachhaltigkeitsaspekten in Geldanlageberatungen wurde auch von den Medien weitgehend ignoriert. Es gab fast keine Berichterstattung zu diesem wichtigen Thema, um die Menschen aufzuklären und auf den notwendigen Wissensstand zu bringen, damit sie diesen selbstwirksamen und demokratischen großen Hebel nutzen können. Dies aber wäre für die Entwicklung einer besseren Art des Wirtschaftens sehr wichtig gewesen. Und dies sollte doch für jeden und für das Gemeinwohl von großem Interesse und Nutzen sein. Dazu sollten die öffentlich-rechtlichen Medien eigentlich verpflichtet sein!

Diese neue, einfache und bescheidene Frage »Möchten Sie Ihr Geld nachhaltig einsetzen?« stellt Finanzinstitute aktuell vor die Herausforderung, selbst »Nachhaltigkeit«, naturschonendes Wirtschaften und seine geldliche Umsetzung zu verstehen sowie eine entsprechende Beratung und entsprechende Produkte anzubieten. Finanzinstitute haben sich mehrheitlich gegen diese EU-Verordnung gesperrt, wie in den Kommentaren zu den Verordnungsentwürfen nachzulesen ist.

Nach dieser Frageverpflichtung der Finanzinstitute ist nun entscheidend, wie Finanzdienstleister beraten werden, wenn der/die Kund*in »ja, ich lege Wert auf eine nachhaltige Geldanlage« antwortet, und wie viele Geldanlagen dann an naturschonende Unternehmen vermittelt werden. Daraus ließe sich bemessen, welche CO_2-Mengen hierdurch eingespart werden oder welche anderen nachhaltigen Verbesserungen erreicht werden können. Hierzu stellt der Bundesverband Öffentlicher Banken fest, dass »die Beratungsprozesse erheblich an Komplexität zunehmen und die Beratungsgespräche deutlich länger dauern werden« und »zu Beginn der Einführung (…) noch nicht viele Produkte zur Verfügung stehen werden, die den Nachhaltigkeitspräferenzen der Kunden entsprechen« (Bundesverband Öffentlicher Banken Deutschlands 2022). Bisher beschränkt sich die »Nachhaltigkeitsberatung« vieler Finanzinstitute häufig auf eine konkrete Auswahl sogenannter nachhaltiger Geldanlagen (zumeist Wertpapierfonds, also Eigentums-/Anteilspapiere von nachhaltiger ausgerichteten Unternehmen), die nach komplexen und oft individuell definierten Nachhaltigkeitskriterien zusammengestellt werden.

Aufgrund des bisher sehr kleinen Marktanteils nachhaltiger Geldanlagen sowie der mitunter auch fragwürdigen Auswahl »nachhaltiger Unternehmen« für »nachhaltige Geldanlageprodukte« wird den meisten Menschen die hier beschriebene demokratische Geldlenkungsfunktion kaum klar. So wird das Wirkungspotenzial nachhaltiger Geldanlagen bisher noch viel zu wenig ausgeschöpft. Aber die/der Kund*in muss verstehen, dass sie/er die Unternehmen, denen sie/er Geld anvertraut, naturschonend auswählen kann. Dann kann die Wirtschaftstransformation demokratisch gelingen.

Bessere Lösungen

Die bisherigen politischen und rechtlichen Maßnahmen sollten um zwei wesentliche Maßnahmen ergänzt werden:

1. Beratungspflicht

Das Problem der Nichtausschöpfung der überaus mächtigen, naturschonenden Geldlenkungsfunktion aller Finanzinstitute wird schneller gelöst, wenn sie naturschonende Ziele in ihre Anlageberatung aufnehmen und ihre Geldvermittlung maximal auf naturschonende Unternehmen konzentrieren. Dies wäre einer der größten Beiträge, um die Art unseres Wirtschaftens zukunftsfähig zu machen.

Alle Finanzinstitute, Kapitalsammelstellen und Behörden (Finanzdienstleister, Staat, Rentenkasse etc.) sollten bei der wirtschaftssystemisch wichtigen Geldvermittlung zwischen den Anleger*innen/Investor*innen und den Unternehmen viel stärker naturschonende Unternehmen bevorzugen und konventionelle Unternehmen gezielt zur Naturschonung bewegen. Ihr naturfreundliches/nachhaltig aktives Verhalten wird ihnen Wettbewerbsvorteile bei Anlagekund*innen bringen, aber sicher auch Herausforderungen in den Beziehungen zu ihren Unternehmenskund*innen auf dem Weg der naturschonenden Transformation.

Auch hier wären die oben beschriebenen gesetzlichen Ziel-/Richtwerte für CO_2-Emissionen und andere Naturschädigungen durch Unternehmen eine akzeptanzfördernde EU-politische Lösung – ohne Wettbewerbsnachteile für die nachhaltig aktiven Finanzinstitute. Die naturschonenden Unternehmen erhielten weltweit wachsende Wettbewerbsvorteile, je stärker die Naturschädigungen und das Nachhaltigkeitswissen ins kollektive Bewusstsein gebracht werden würden, denn letztlich bestimmen wir Konsumenten/Nachfrager das Angebot der Unternehmen.

Den Finanzinstituten müssen hierzu das umfassende Wissen, Konzepte und die im Folgenden genannten Zielstellungen/Benchmarks für Naturschonungen für Unternehmen vermittelt werden. Selbstverständlich ist dies komplex und leider immer noch für viele neu. Aber was ist denn wichtiger?

2. Demokratischer Rettungsprozess

Es fehlt bislang fast gänzlich der grundlegende, öffentliche und transparente Diskurs, angefangen mit einer Informationspolitik/Kommunikationsoffensive zum Hauptproblem der Klima- und Erderwärmung und der Schädigung bzw. Reduktion des Ökosystems. Hierzu fehlt – noch grundlegender – die lösungsgetriebene Aufklärung unserer Bevölkerung über die Zusammenhänge zwischen der Art des Wirtschaftens und dem Naturschutz. Dieses Wissen wird die notwendigen demokratischen Maßnahmen viel schneller ermöglichen. Denn – wie wir nun wissen – erst wenn man diese Zusammenhänge kennt, kann man die Natur wirkungsvoll schützen, ohne Nachteile zu befürchten.

Politische Herausforderungen

1. Die Schäden unseres Ökosystems mit ihren Folgen in der Natur und für uns Menschen sind bekannt zu machen.

2. Es ist bekannt zu machen, dass unsere Art des Wirtschaftens maßgeblich ursächlich für die Naturschädigung ist.

3. Es ist ein öffentlicher Konsens darüber herzustellen, welche Schädigungen des Ökosystems wir wollen bzw. akzeptieren – und welche nicht. Hier sind klare Zielstellungen zu definieren, vor allem die konkrete, akzeptierte Temperaturerhöhung in Grad Celsius, aber auch weitere Indikatorwerte wie Flächenverbrauch und Naturräume, Boden- und Wasserqualitätswerte, die Anzahl der Tier- und Pflanzenbestände, Arten und gestorbener/sterbender Arten. Ähnliche Erfahrungen mit Indikatorwerten haben wir bei der Bekämpfung der Coronakrankheit gesammelt.

Politische Umsetzungen von Lösungen

Auf der Grundlage des öffentlichen Konsenses sind die folgenden Schritte konsequent umzusetzen:

1. Es ist zu ermitteln und bekannt zu machen, wie viele Emissionen reduziert und wie viel Ökosystem erhalten werden soll.

2. Es ist in einem multilateralen und wissenschaftlichen Verfahren bekannt zu machen, wo Potenziale für Naturschonung bzw. für Einsparungen von Naturschädigungen bestehen. Hier werden Ziel-/Richtwerte für Emissionen/Naturschädigungen/Naturschonungen festgelegt.

3. Diese Ziel-/Richtwerte sind an alle Branchen/Unternehmen sowie an alle Finanzinstitute weiterzuleiten. Diese Ziel-/Richtwerte werden für alle Unternehmen sowie für ihre Geldanleger/Investoren gelten und den notwendigen Marktwettbewerb initiieren, um ein naturschonendes und besseres Wirtschaften zu erreichen. Alle Marktteilnehmer können hierdurch international wirksame Wettbewerbsvorteile erzielen. Dies wäre eine positiv wirkungsvolle Transparenz.

Diese Lösungsmöglichkeiten sind als Planungsmodell schon sehr konkret. Einige namhafte NGOs arbeiten derzeit bereits an der Berechnung der CO_2-Emissionen und CO_2-Reduktionsziele für verschiedene Branchen, um sie als Vorschlag für die wirkungsvolle Steuerung der Emissionen in die politischen Entscheidungsprozesse einfließen zu lassen. Aber es besteht momentan noch kein ausreichender Druck auf unser politisches System, diesen Weg zu gehen oder zumindest öffentlich zu diskutieren.

Dieser große Hebel der Geldsteuerung für einen wirksamen Naturschutz kann erst in Gang gesetzt werden, wenn das Wissen um die ursächlichen Zusammenhänge unserer Art des Wirtschaftens Allgemeingut ist.

Einen einfacheren Weg, verbunden mit ebenfalls sehr weitreichenden, positiven Folgewirkungen in unserer Gesellschaft, können wir mit der ökologischen Weiterentwicklung unseres Rechtssystems gehen – nämlich dann, wenn die Natur zu einem »Subjekt« in unserem Rechtssystem wird. Diese Empfehlung folgt nun im letzten Kapitel dieses Buches.

Quellenangaben

Allianz Research (2022): Global Wealth Report 2020. The last hurrah. https://www.allianz.at/content/dam/onemarketing/cee/azat/presse/presseaussendungen/12-10-2022-GlobalWealthReport.pdf, abgerufen am 28.06.2023.

Bassen, A.; Busch, T.; Friede, G. (2015): ESG and financial performance: aggregated evidence from more than 2000 empirical studies. In: Journal of Sustainable Finance & Investment, Volume 5, Issue 4. https://www.tandfonline.com/doi/full/10.1080/20430795.2015.1118917?scroll=top&needAccess=true, abgerufen am 28.06.2023.

Bundesumweltministerium Deutschland (2017): mehrWERT – verantwortlich wirtschaften, besser leben. https://www.bmu.de/publikation/mehrwert/, abgerufen am 28.06.2023.

Bundesverband deutscher Banken (2019): Nachhaltige Geldanlage – Wissen und Engagement der Deutschen. Ergebnisse einer Online-Umfrage im Auftrag des Bundesverbands deutscher Banken. https://bankenverband.de/newsroom/meinungsumfragen/nachhaltige-geldanlage-wissen-engagement-deutschen/, abgerufen am 30.03.2021.

Bundesverband deutscher Banken (2022): Nachhaltige Geldanlage 2022. Wissen und Engagement der Deutschen. https://bankenverband.de/umfrage/umfrage-wissen-und-engagement-zur-nachhaltigen-geldanlage/, abgerufen am 28.06.2023.

Bundesverband Öffentlicher Banken Deutschlands (2022): DK: Neue EU-Regeln für Nachhaltigkeitspräferenzen in der Geldanlage. https://www.voeb.de/pressezentrum/detail/dk-neue-eu-regeln-fuer-nachhaltigkeitspraeferenzen-in-der-geldanlage, abgerufen am 28.06.2023.

CSR-Richtlinie-Umsetzungsgesetz (2017): Gesetz zur Stärkung der nichtfinanziellen Berichterstattung der Unternehmen in ihren Lage- und Konzernlageberichten (CSR-Richtlinie-Umsetzungsgesetz) vom 11. April 2017. https://www.bmj.de/SharedDocs/Gesetzgebungsverfahren/Dokumente/BGBl_CSR-RiLi_UmsetzungsG.pdf?__blob=publicationFile&v=3, abgerufen am 28.06.2023.

Deutschlandfunk (2017): Klimawandel. Eingeschränktes Lob für Divestment bei der Allianz. https://www.deutschlandfunk.de/klimawandel-eingeschraenktes-lob-fuer-divestment-bei-der.697.de.html?dram:article_id=385509, abgerufen am 28.06.2023.

DZ Bank (2023): Fast 8 Billionen Euro. Geldvermögen der Deutschen wächst 2022 um zwei Prozent. https://www.dzbank.de/content/dzbank/de/home/die-dz-bank/presse/schwerpunktthemen/2023/fast-8-billioneneurogeldvermoegenderdeutschen waechst2022umzweipr.html, abgerufen am 26.06.2023.

EU-Mitteilung (2018): Aktionsplan: Finanzierung nachhaltigen Wachstums vom 08.03.2018. https://eur-lex.europa.eu/legal-content/DE/TXT/PDF/?uri=CELEX:52018DC0097&from=DE, abgerufen am 28.06.2023.

EU-Mitteilung 2019/C209/01 (2019): Leitlinien für die Berichterstattung über nichtfinanzielle Informationen. Nachtrag zur klimabezogenen Berichterstattung. https://eur-lex.europa.eu/legal-content/de/TXT/PDF/?uri=CELEX:52019XC0620(01), abgerufen am 26.06.2023.

EU-Verordnung 2017/515 (2016): Delegierte Verordnung (EU) zur Ergänzung der Richtlinie 2014/65/EU des Europäischen Parlaments und des Rates in Bezug auf die organisatorischen Anforderungen an Wertpapierfirmen und die Bedingungen für die Ausübung ihrer Tätigkeit sowie in Bezug auf die Definition bestimmter Begriffe für die Zwecke der genannten Richtlinie. https://eur-lex.europa.eu/legal-content/DE/TXT/PDF/?uri=CELEX:32017R0565, abgerufen am 28.06.2023.

EU-Verordnung 2019/2088 (2019): Verordnung (EU) vom 27.11.2019 über nachhaltigkeitsbezogene Offenlegungspflichten im Finanzdienstleistungssektor. https://eur-lex.europa.eu/legal-content/DE/TXT/PDF/?uri=uriserv:OJ.L_.2019.317.01.0001.01.DEU, abgerufen am 28.06.2023.

EU-Verordnung 2019/2088 (2020): Verordnung (EU) vom 18.06.2020 über die Einrichtung eines Rahmens zur Erleichterung nachhaltiger Investitionen und zur Änderung der Verordnung (EU) 2019/2088. https://eur-lex.europa.eu/legal-content/DE/TXT/PDF/?uri=CELEX:32020R0852&from=EN, abgerufen am 28.06.2023.

EU-Verordnung 2020/852 (2020): Verordnung (EU) 2020/852 des europäischen Parlaments und des Rates vom 18. Juni 2020 über die Einrichtung eines Rahmens zur Erleichterung nachhaltiger Investitionen und zur Änderung der Verordnung (EU) 2019/2088. https://eur-lex.europa.eu/legal-content/DE/TXT/PDF/?uri=CELEX:32020R0852&from=de, abgerufen am 28.06.2023.

FairFinanceGuide (2023): Wie fair und nachhaltig sind deutsche Banken? https://www.fairfinanceguide.de, abgerufen am 28.06.2023.

finanzen100.de (Börsenportal des Verlages Focus Online) (2021): WI Global Challenges Index-Fonds – P EUR DIS. https://www.finanzen100.de/fonds/wi-global-challenges-index-fonds-p-eur-dis-wkn-a1t756_H1832341279_73336704/#chart-analyse, abgerufen am 04.07.2023.

Forum Nachhaltige Geldanlagen (2020): Marktbericht Nachhaltige Geldanlagen 2020. Deutschland, Österreich und die Schweiz. https://fng-marktbericht.org/fileadmin/Marktbericht/2020/FNG-Marktbericht-2020.pdf, abgerufen am 28.06.2023.

Forum Nachhaltige Geldanlagen (2023): FNG – Forum Nachhaltige Geldanlagen. Marktbericht Nachhaltige Geldanlagen 2022. Deutschland, Österreich und die Schweiz. https://www.forum-ng.org/fileadmin/Marktbericht/2022/FNG-Marktbericht_NG_2022-online.pdf, abgerufen am 28.06.2023.

Umweltbundesamt Deutschland (2017): Grüne Produkte in Deutschland 2017. Marktbeobachtungen für die Umweltpolitik. https://www.umweltbundesamt.de/sites/default/files/medien/1410/publikationen/171206_uba_fb_gruneprodukte_bf_low.pdf, abgerufen am 28.06.2023.

Verband öffentlicher Banken (2019): Nachhaltige Geldanlagen 2019. Eine gemeinsame B2B-Studie von Cofinpro und VÖB-Service. https://www.voeb-service.de/fileadmin/Download/Aktuelles/Cofinpro_Studie_Nachhaltige_Geldanlagen_2019_VÖB_WEB.pdf, abgerufen am 28.06.2023.

www.label-online.de (2023): Überblick zu Labels und Siegeln mit Bewertungen und Hintergrundinformationen, VERBRAUCHER INITIATIVE e. V., gefördert vom Bundesumweltministerium, Umweltbundesamt, Bundesministerium für Ernährung und Landwirtschaft und Ministerium der Justiz und für Verbraucherschutz (BMJV). https://label-online.de/, abgerufen am 28.06.2023.

Weiterführende Verweise

FairFinanceGuide (2023): Wie fair und nachhaltig sind deutsche Banken? https://www.fairfinanceguide.de, abgerufen am 28.06.2023.

Umweltbundesamt Deutschland (2017): Grüne Produkte in Deutschland 2017. Marktbeobachtungen für die Umweltpolitik. https://www.umweltbundesamt.de/sites/default/files/medien/1410/publikationen/171206_uba_fb_gruneprodukte_bf_low.pdf, abgerufen am 28.06.2023.

www.label-online.de (2023): Überblick zu Labels und Siegeln mit Bewertungen und Hintergrundinformationen, VERBRAUCHER INITIATIVE e. V., gefördert vom Bundesumweltministerium, Umweltbundesamt, Bundesministeriums für Ernährung und Landwirtschaft und Ministerium der Justiz und für Verbraucherschutz (BMJV). https://label-online.de/, abgerufen am 28.06.2023.

Die ökologische Weiterentwicklung unseres Rechtssystems

Wollen wir 8 Milliarden (und bald 10 Milliarden) Menschen alle leben, werden wir Frieden mit der Natur schließen müssen. Wir führen ganz offensichtlich weltweit Krieg gegen sie. In unserem über sie und uns entscheidenden Rechtssystem nehmen wir sie nicht ernst. Wir gestehen ihr nicht einmal Grundrechte zu. Und sie wehrt sich nicht.

Herausforderung

Das bisherige Recht reicht nicht aus, um die Natur zu schützen. Die in diesem Buch auszugsweise dargestellten, sehr vielschichtigen Naturschädigungen sind legale Prozesse. Sie werden von uns als normal hingenommen und können auf der Basis unseres konventionellen Rechtssystems so weitergehen. Die im vorangegangenen Kapitel beschriebene Transparenzoffensive und die finanziellen Investitionen der EU sollen die Marktkräfte hin zu einem nachhaltigen Wirtschaften lenken. Jedoch gibt es die für diese geplante Lenkungsfunktion zentralen Nachhaltigkeitsberichte nun schon seit über 20 Jahren bei vielen Großunternehmen, zunehmend auch im Mittelstand. Aber die notwendige, großflächige Weiterentwicklung zur Herstellung von mehr naturschonenden Produkten wie auch die Nutzung der weltweiten Wettbewerbsvorteile nachhaltiger Produkte nehmen offensichtlich noch längst nicht die Fahrt auf, die die Natur dringend braucht. Diese notwendige Transformation unseres konventionellen Wirtschaftens in Richtung naturschonenden Wirtschaftens kann in dem notwendigen Tempo nicht allein durch die Marktkräfte umgesetzt werden.

Um diese Beschleunigung zu erreichen, müsste der Gesetzgeber eine rechtssystemische Integration der Verantwortung für die Natur vornehmen. Dies ist das noch fehlende Puzzlestück der Analysen und Vorschläge dieses Buches für eine wirkungsvolle Naturschonung in unseren Gesellschaftssystemen.

Unser deutsches Grundgesetz enthält mit dem 1994 eingeführten und 2002 geänderten Artikel 20a insgesamt nur eine einzige Passage zum Thema Natur und Naturschutz (Deutscher Bundestag 2013):

»Der Staat schützt auch in Verantwortung für die künftigen Generationen die natürlichen Lebensgrundlagen und die Tiere im Rahmen der verfassungsmäßigen Ordnung durch die Gesetzgebung und nach Maßgabe von Gesetz und Recht durch die vollziehende Gewalt und die Rechtsprechung.« (Art. 20a Grundgesetz)

Dieser nachträglich eingefügte, sehr zaghaft formulierte Grundgesetzartikel reicht eindeutig nicht aus, um die Natur vor unseren katastrophalen Schädigungen zu schützen. Hierfür gibt es mehrere Gründe: Diese Grundrechtsregelung kennt nur einen Akteur: den Staat. Danach darf nur der Staat über die »natürlichen Lebensgrundlagen und die Tiere« entscheiden, insbesondere der Gesetzgeber. In dem Grundgesetzartikel steht nicht, dass die natürlichen Lebensgrundlagen und die Tiere oder die Natur zu schützen sind. Und es heißt lediglich, dass der Naturschutz nur im Rahmen der verfassungsrechtlichen Ordnung und nach Maßgabe von Gesetz und Recht durch die drei Gewalten erfolgen soll. Das scheint nur auf den ersten Blick ausreichend zu sein, denn wir gestehen unserem Staat die Verantwortung zu, über den Naturschutz zu wachen. Wir möchten ihm hier vertrauen, doch wir sehen, dass allein mit diesem Artikel 20a GG zu wenig Naturschutz gelingt. Zusätzlich aber müssen wir erkennen, dass eben wegen dieses Artikels 20a GG zu wenig Naturschutz gelingt. Denn weder wir Bürger noch die Natur selbst haben rechtliche Möglichkeiten, den als einzig zuständig erklärten und mit Ausübungsbefugnissen ausgestatteten Staat zu bewegen, wirksamen Naturschutz durchzusetzen. Juristisch gesprochen, fehlen hier sogenannte subjektive Rechte der Natur, mit denen unsere Rechtsordnung überhaupt in Richtung Naturschutz bzw. zur Anerkennung der Rechte der Natur bewegt werden könnte.

Lediglich das »Klimaurteil« des Bundesverfassungsgerichtes von 2021 hat mit Berufung auf den genannten Artikel 20a GG eine wirksame Naturschutzleistung und große Bekanntheit erreicht, denn es konnte die damalige Bundesregierung verpflichten, die Energiewende schneller und planmäßiger umzusetzen, als dies ursprünglich vorgesehen war.

Das Bundesverfassungsgericht begründete sein Urteil jedoch damit, dass durch die zu geringe Planungsstringenz der damaligen Bundesregierung die

»Freiheitsspielräume künftiger Generationen« eingeengt würden. Hier mussten die subjektiven Freiheitsrechte künftiger Menschen mit den Umweltschutzzielen des Staates verknüpft und eingeklagt werden, um die Stärkung des Naturschutzes gemäß Art. 20a GG herbeizuführen. Man kann also sagen, dass es sich trotz und wegen des Artikels 20a GG um eine konstruierte Klage handelt, um den Naturschutz überhaupt durchsetzen zu können. In diesem Fall waren es Jugendliche, die gegen ihre subjektive zukünftige Freiheitseinschränkung angesichts des unzureichenden Naturschutzes durch das damalige deutsche Klimaschutzprogramm klagen mussten. Erst dies hat zur Reform des Klimaschutzprogramms der damaligen Bundesregierung geführt (Bundesverfassungsgericht 2021).

Die Jugendlichen konnten nicht einfach nur für die Verbesserung des Klimaschutzprogramms oder einfach für die Schonung der Natur klagen, sondern nur in juristischer Kombination mit ihren persönlichen Freiheitsrechten. Unser Grundrecht enthält auch kein »Recht auf eine intakte Natur«, kein »Recht auf den Erhalt der natürlichen Lebensgrundlagen«, kein »Recht auf Umweltinformationen« und kein »Recht auf eine Einbeziehung ökologischer Interessen in Interessenausgleiche, die auch die Natur betreffen«. Außerdem räumt es dem Naturschutz ohne ein fest definiertes Naturschutzziel, auf das der Staat verpflichtet werden könnte, keine Weiterentwicklung ein (dankend angelehnt an Kersten 2020).

Selbstverständlich hat es in Spezialgesetzen wie dem Arten-, Natur- und Landschafts-, Wasser-, Immissions-, Klima- und Umweltinformationsrecht in den vergangenen Jahren Erweiterungen für den Naturschutz gegeben, vor allem auf Basis des europäischen Umweltrechts. Doch der wesentliche verfassungsrechtliche Entwicklungsmotor für unsere Gesellschaft – das Grundgesetz mit seinen Bezügen und Wirkungen in allen weiteren, nachgeordneten Gesetzen – beschränkt sich auf den zögerlichen Artikel 20a GG. Die Natur und wir brauchen jedoch dringend mehr.

Der in der Öffentlichkeit jüngst häufiger diskutierte Vorschlag, eine »nachhaltige Entwicklung« in die Verfassung zu schreiben, wäre keine ausreichende Lösung, denn eine nachhaltige Entwicklung wird als Interessenausgleich zwischen den drei Handlungsfeldern Ökonomie, Soziales und Ökologie verstanden. In unserem Gesellschaftssystem haben wir unsere Interessenausgleiche durch unser Recht abgesichert: Die Sicherheit der Geschäftsbeziehungen der Wirtschaft, das heißt der als »juristische Personen« mit eigenen Rechten ausgestatteten Unternehmen, regeln wir in einem weit entwickelten Rechtssystem sehr verlässlich (Nachhaltigkeitshandlungsfeld Ökonomie). Auch die Sicherheit des Zusammenlebens von uns Menschen miteinander regeln wir in unserem Rechtssystem weitgehend verlässlich, wobei gerichtliche Entscheidungen zu immer neuen Einzelfällen dazu beitragen, das soziale Recht weiterzuentwickeln (Nachhaltigkeitshandlungsfeld Soziales).

Die Interessenausgleiche zwischen den »juristischen Personen« (Unternehmen und Organisationen) und uns Menschen regeln wir in einem sogar für Juristen kaum zu durchdringenden Dschungel von Produkt-, Handelsgesetzen, Verbraucherschutzvorschriften, dem von der Tarifautonomie geprägten Prozedere der Verhandlungen zwischen Arbeitgebern und Arbeitnehmern etc. Finden beispielsweise die Vertreter einer juristischen Person und Menschen keinen Interessenausgleich, lassen wir ihn von einem dafür fachlich zuständigen Gericht bestimmen oder endgültig von einem hierarchisch exponierteren Gericht. Doch das dritte Nachhaltigkeitsfeld Ökologie – die Natur – ist katastrophal beschädigt und wird rechtlich durch den Artikel 20a GG nicht ausreichend geschützt. In unserem Rechtssystem verweigern wir den fairen Interessenausgleich mit der Natur: Bei Bestrebungen zur Erreichung der öffentlich viel beschworenen nachhaltigen Entwicklung – also der systemimmanenten Interessenausgleiche – unterliegt die Natur regelmäßig, denn sie ist rechtlich als Akteur gar nicht existent.

Der Begriff der »Nachhaltigkeit«, also des ökonomischen, sozialen und ökologischen Interessenausgleichs, löst weder die Probleme der katastrophalen Erderwärmung noch des wachsenden Flächenverbrauchs, des Artensterbens oder der Atommülllagerung für Millionen Jahre, denn das Nachhaltigkeitsprinzip hat in unserem Rechtssystem keine ausreichende ökologische Steuerungswirkung. Es beschränkt Entscheidungsfindungen bei unseren bisherigen grundgesetzlich konventionell geregelten Interessenkonflikten auf die Rechte des »Sozialen« und des »Wirtschaftens«, ohne »die Natur mit an den Verhandlungstisch zu lassen«. Das Prinzip der Nachhaltigkeit ist für unsere sehr kritische Situation des katastrophalen Naturverbrauchs nicht ausreichend, denn es lässt keine angemessen schnellen Entwicklungen zu. Auch für das viel beschworene Nachhaltigkeitsprinzip bedarf es also einer wesentlichen Erweiterung, doch wenden wir uns im Folgenden zunächst dem – weit wichtigeren – Naturschutz durch die Verbesserung unserer Art des Wirtschaftens zu.

Bessere Lösungen

Da in der Bevölkerung die Erkenntnis über die katastrophale Bedeutung der Erderwärmung und der vielen weiteren Naturschädigungen wächst, gibt es immer mehr Demonstrationen auf unseren Straßen, die sich auf unsere Politik auswirken sollen. In einer weitaus stärkeren Qualität würden sich Klagemöglichkeiten auswirken, denn durch sie könnte sich unser Rechtssystem weiterentwickeln. Unser Recht soll doch unser Zusammenleben regeln und sichern – so auch unser Zusammenleben mit der Natur.

Die Natur selbst müsste in unserem Rechtssystem mit Rechten ausgestattet werden, um sich gegen andere Interessen, zum Beispiel von Menschen oder von juristischen Personen, überhaupt durchsetzen zu können. In unserem Rechtssystem hat sie keine eigenen Rechte, nicht einmal Grundrechte, und sie kann nicht klagen. In unserem konventionellen Rechtssystem kann nur eine klageberechtigte, subjektiv betroffene und klagewillige Person klagen, um auf dem Rechtsweg gegen andere Interessen mehr Naturschutz zu erreichen – aber nur, wenn dies ihre eigenen menschlichen subjektiven Rechte schützt (wie im oben genannten »Klimaurteil« exemplarisch beschrieben).

Angesichts dieser Ungleichbehandlung verschiedener Interessen zwischen Menschen, juristischen Personen und der Natur bedarf es einer kleinen Weiterentwicklung in unserem Rechtssystem mit weitreichenden Auswirkungen auf unser gesamtes Gesellschaftssystem. Damit würde nicht einseitig Partei ergriffen, auch nicht für die Natur. Die Natur selbst braucht Grundrechte, um in Interessenausgleichen ernst genommen zu werden und um sich überhaupt verteidigen zu können.

Wenn es bei uns Menschen Konflikte zwischen unseren sozialen, ökonomischen und ökologischen Interessen gibt, können wir, ausgestattet mit unseren Grundrechten, unsere Rechte auf dem Rechtsweg durchsetzen – auch gegen die Natur. Im eigens definierten Wirtschaftsrecht können Unternehmen ihre ökonomischen Interessen durchsetzen – auch gegen die Natur. Nur die Natur hat keine Grundrechte! Gewähren wir doch der Natur auch einfach ihre Rechte, um sie als Rechtsperson bzw. als Wesen oder lebendes Ökosystem anzuerkennen, um eine juristische Ebenbürtigkeit herzustellen, mit der vor Gerichten faire Lösungen überhaupt erst ausgefochten werden können. Und um damit den für eine nachhaltige Entwicklung wesentlichen Interessenausgleich zwischen Ökonomie, Sozialem und Ökologie auch juristisch erst zu ermöglichen. Es ist schlicht unfair und ein gravierender Systemfehler, nur Menschen und wirtschaftlichem Kapital (juristischen Personen) Rechte zuzuordnen und die Natur rechtlos zu lassen (in Anlehnung an Kersten 2020).

Der Gedanke, die Natur als Rechtsperson zu verstehen, ist juristisch nicht neu. Bislang fehlt der Natur in unserem Rechtssystem das sogenannte subjektive Recht. Ein subjektives Recht ist die einer einzelnen oder »juristischen Person« zu ihrem Schutz verliehene Rechtsmacht zur Durchsetzung ihrer eigenen berechtigten Interessen. Damit Unternehmen, Aktiengesellschaften, Genossenschaften, Vereine, Stiftungen usw. überhaupt rechtlich »selbst« auftreten können, hat ihnen der Gesetzgeber eigens definierte Grundrechte zugestanden und hierzu das rechtliche Konstrukt der »juristischen Person« geschaffen.

Gemäß Artikel 19 III GG können sich die verschiedenen juristischen Personen auf ihre jeweilig zugestandenen Grundrechte berufen. Ihre Rechtsvertretung wird selbstverständlich durch Menschen vorgenommen, zum Beispiel Aufsichtsräte, Vorstände, Geschäftsführer etc. Die Rechtsvertretung der juristischen Personen wird im Handelsgesetzbuch, im GmbH-Gesetz und im Aktiengesetz geregelt. In unserem Rechtssystem haben wir auch Vertretungslösungen für Menschen und Menschengruppen etabliert: zum Beispiel für nicht geschäftsfähige Personen, Minderjährige, Behinderte oder Mündel. Hier entscheiden ebenfalls eigens vom Gesetzgeber bestimmte Menschen zum Beispiel aufgrund ihrer Verwandtschaft oder Eignung (Expertise, Erfahrung, Know-how) im Interesse der Schutzbedürftigen, zum Beispiel über das Kindeswohl.

Warum sollte dies nicht im Sinne der Natur funktionieren? Schließlich könnten wir die Natur ebenfalls als »juristische Person« definieren, um sie gleichfalls mit Rechtsmacht auszustatten. Damit würde die Natur dieselben Grundrechte erhalten wie ein Kapitalzusammenschluss, eine Aktiengesellschaft oder ein Verein – bzw. wie ein lebendes Wesen, also das, was die Natur ja ist. Gemäß Art. 19 III GG erhielte die Natur dann weiter zu definierende, eigene Grundrechte, deren Ausgestaltung in unserer Rechtsordnung der Gesetzgeber zu definieren hat – so wie er dies zum Beispiel für Unternehmen oder für Minderjährige getan hat.

Erst dies wäre eine grundlegende Anerkennung von Naturrechten und überhaupt eine juristische Anerkennung der Natur als Wesen oder als Ökosystem. Natürlich stellen sich nach dieser kleinen und einfachen, aber sehr grundsätzlichen Weiterentwicklung unseres Rechtssystems weitere Fragen, die unsere findige Justiz bestimmt gern ausarbeiten wird.

Was lassen wir als Natur gelten – Wasser, Boden, Luft, ein Tier, einen Baum, Wald, einen Fluss, eine Landschaft, das Klima, ein Ökosystem? Wer kann die Interessen der Natur vertreten? Wie für eine Aktiengesellschaft, einen Verein, eine nicht geschäftsfähige Person oder eine Minderjährige*n stellt sich gleichermaßen für die Natur die Frage, wer sie vertreten darf, um sich für ihre Rechte einzusetzen. Auch hier kennen wir bereits verschiedene Antworten: Von der individuellen Vertretung durch Einzelpersonen oder Verbände (zum Beispiel anerkannte Wissenschaftler/Umweltverbände) bis hin zu Popularklagen hat der Gesetzgeber viele Möglichkeiten, geeignete Vertretungslösungen auszugestalten. Dies wird unser Rechtssystem nach der verfassungsrechtlichen Anerkennung der notwendigen Grundrechte für die Natur Schritt für Schritt klären.

Erst wenn die Natur gleiche Rechtsmittel hat, kann auch der für den Begriff der »Nachhaltigkeit« viel beschworene Einklang zwischen Ökonomie, Sozialem und eben auch der Ökologie (Natur) rechtlich fair gefunden werden. Erst dann wird eine nachhaltige Entwicklung durch unser Rechtssystem ermöglicht. Und erst dann könnte eine nachhaltige Entwicklung in der Praxis systematisch umgesetzt werden.

Eine Gesellschaft, insbesondere ihr Rechtssystem, entwickelt sich über das Austragen von Konflikten zu Interessenausgleichen weiter. Dies könnte eine im Vergleich mit allen bisherigen Maßnahmen schnellere sowie effizientere und effektivere Dynamisierung unseres Weges zu einem schonenderen bzw. ausgewogeneren Umgang mit der Natur schaffen, zur ökologischen Transformation unserer Gesellschaft und zum notwendigen naturschonenden Wirtschaften.

Menschen streiten sich um so vieles, führen Kriege gegeneinander und – wie wir sehen – sogar gegen die Natur, die sich dabei allerdings nicht wehrt. Wir sollten uns um das wirklich Wichtigste und Schönste streiten, vor Gerichten und in der Öffentlichkeit. Die Diskurse über die Rechte der Natur werden die Entwicklung des Bewusstseins für die Natur bzw. die Pflicht oder Verantwortung zum Naturschutz an vielen Stellen unserer Gesellschaft fördern. Inhaltlich geht es dabei schlicht um die Anerkennung unseres aktuellen Naturwissens und unserer Verantwortung für die Natur. In unseren

Interessenausgleichen wird die Natur mit ihren Grundrechten erst dann als »Verhandlungspartner« ernst genommen werden können. Bisher behandeln wir sie wie menschliches Eigentum, über das wir Menschen ziemlich willkürlich – ohne klare Definition und Anerkennung ihrer Grundrechte – verfügen können.

Wenn wir der Natur Grundrechte zugestehen, stellt sich selbstverständlich die Frage, wie sich dies auf unser Eigentum auswirken wird, denn alles, was wir »besitzen«, ist Naturmaterial. Um auch diese materiell zentrale Frage direkt vorzustrukturieren und Ängsten gegen Enteignungen klar vorzubeugen – eine mögliche juristische Basis für die Anerkennung der Grundrechte der Natur ist im Eigentumsrecht schon geregelt: Artikel 14.2 des deutschen Grundgesetzes legt die Eigentumsfreiheit bereits so fest, dass der Gesetzgeber Inhalt und Schranken des Eigentums demokratisch zu bestimmen hat. Hier wird festgelegt, dass »Eigentum verpflichtet«, das heißt, dass sein »Gebrauch … zugleich dem Wohl der Allgemeinheit dienen« soll. Auch hier sind nur die Rechte der Allgemeinheit, also von Menschen, genannt. Auch hier fehlt bisher die ebenfalls verpflichtende Berücksichtigung der Rechte der Natur: Bei der Nutzung der Natur als Eigentum wie auch bereits bei der Bestimmung des Eigentums an der Natur sind ihre Rechte zu berücksichtigen.

Dabei sind ganz bestimmte Güter heute nicht eigentumsfähig, so etwa das Wasser in fließenden Gewässern und das Grundwasser (Wasserhaushaltsgesetz). Das Wasser wurde also aus der Eigentumsordnung herausgenommen – es ist damit »Natur«, das heißt, es gehört keinem Menschen, aber jeder kann es nutzen, und es wird bisher mit verschiedenen Einzelgesetzen geschützt. Das Zugeständnis von Rechten würde dem Fluss oder dem Grundwasser als juristischer Person die Möglichkeit einräumen, seine Grundrechte zu wahren, wenn ein Mensch diese einschränken möchte, genauso wie in Auseinandersetzungen zwischen zwei Menschen oder Unternehmen/juristischen Personen auch. Ein Gericht entscheidet dann letztinstanzlich fair über den Interessenausgleich im Sinne von Eigentümern, der Natur und des Gemeinwohls. Das entspräche dem Grundsatz, dass Eigentum zur Verantwortung verpflichtet – so, wie es sein sollte. Aber erst mit dieser einfachen Weiterentwicklung des Rechts kann dies für die Natur und für ihren Schutz erreicht werden.

Wenn Tiere »eigentumsfähig« sind, das heißt, wenn Menschen sie besitzen dürfen, müssten auch ihre Grundrechte berücksichtigt werden. Folglich müsste der Gesetzgeber bestimmen, wie sie gemäß ihren subjektiven Grundrechten »tiergerecht« zu behandeln wären. Dies wäre nicht als Beschränkung der menschlichen Eigentumsrechte an einem Tier zu verstehen, sondern als Inhalt des Eigentums bzw. als mit dem Eigentum verbundener Pflicht, schlicht umgangssprachlich als Verantwortung.

Bei diesem – verfassungsrechtlich nur geringfügigen – Zugeständnis der Grundrechte für die Natur ist absehbar, dass in unserer wirtschaftsorientierten Gesellschaft die Auswirkungen auf unsere Eigentumsordnung sehr lebhaft diskutiert werden dürften. Und das soll auch in einem öffentlichen Austragungsprozess geschehen, um die ökologische Entwicklung gesamtgesellschaftlich voranzubringen. Um hierzu die Leitlinie klarzumachen: Die Berücksichtigung der Rechte des Ökosystems – von Tieren, Pflanzen und weiteren Lebewesen, die teils mit grundlegend lebensstiftenden Funktionen sowie eigenen, auch emotionalen Bedürfnissen ausgestattet sind – bedeutet nicht (!), dass Enteignungen erfolgen müssten. Es bedeutet schlicht, dass wir uns der Verantwortung für die zu schützende Natur bewusst werden und sie gesetzlich weiterentwickeln und sichern. Selbstverständlich können Analysen der Naturgrundrechte im Ausgleich mit Eigentümerrechten zu Verbesserungen bzw. Weiterentwicklungen der Eigentumsverantwortungspflichten führen. Und selbstverständlich ist dies auch das Ziel der ökologischen Komponente des Grundgesetzes – und von Verantwortung überhaupt. Denn der in diesem Buch veranschaulichte katastrophale Trend zu noch weniger Natur würde dem Gemeinwohl seine Voraussetzung entziehen, und das Gemeinwohl ist das Hauptziel des Grundgesetzes.

Durch die verfassungsrechtlich geringfügige Anerkennung der Grundrechte der Natur würde die ökologische Verantwortung in unserer gesamten Gesellschaft auf allen Ebenen eingeführt – über den effektivsten Weg unseres Gesellschaftssystems: unser Rechtssystem. Dabei wäre für die rechtlichen Ausgestaltungen jeweils der Gesetzgeber gemäß Artikel 14 GG demokratisch verpflichtet. Eine sehr »saubere«, das heißt vollständige, effiziente, faire, notwendig schnelle und gesellschaftsfähige Lösung – ohne politisch »Ideologen«/ Naturschützer oder »Schuldige«/Eigentümer anzuprangern.

Die ökologische Verantwortung bei Interessenausgleichen wäre gleichermaßen auch im gesamten staatlichen System – Bundestag, Bundesrat, Länderparlamente und Behörden – klar zu verankern, sodass die Verpflichtung zur Berücksichtigung der Naturgrundrechte in unserer gesamten Gesellschaft ankommt. Den verschiedenen Instanzen sollten wertige, durchsetzungsfähige

Funktionen zugeordnet werden, die die Rechte und Pflichten für die Natur sicherstellen.

Bedeutet dies »mehr Staat«? Die Idee, auch der Natur grundgesetzlich Rechte zu verleihen, erfordert ein Verständnis der Zusammenhänge, in denen die Natur steht, in die Menschen sie gebracht haben und in denen wir von ihr abhängig sind. Wir haben der Natur so stark geschadet, dass unser Umgang mit ihrem verbliebenen Teil über das Leben und das menschliche Überleben entscheiden wird. Die rechtliche Anerkennung der Natur wird maßgeblich mitentscheidend dafür sein, ob wir die notwendigen rettenden Entwicklungen heute einleiten möchten. Es ist schlicht die wichtigste Frage unserer Zeit, nicht »nur« eine überlebensnotwendige Frage, sondern auch eine zutiefst ethische und sogar ästhetische Frage, mit welchem Recht wir dem Planeten und der Natur derart geschadet haben und derzeit immer noch weiter schaden.

Die Antwort auf die Frage, wie viel Staat für die Klärung dieser Fragen gebraucht wird, hängt davon ab, wie viel Unverständnis und Gegenwillen es in der Gesellschaft im Weiteren geben wird. Es war und ist sicher immer eine für das Gemeinwohl verpflichtende Aufgabe einer jeden staatlichen Institution, auf den Erhalt der Natur zu achten. Eine immer und überall friedliche Entwicklung ist – auch aus der noch beschaulichen Perspektive dieses Buches – nicht zu erwarten, denn die massiven Entwicklungen unseres Anthropozäns bergen eine Unzahl konträr motivierter Widerstände und Aktionen, die es in unserer Gesellschaft auch weiterhin geben wird. Sicher wird der Streit an vielen notwendigen Stellen um die Interessenausgleiche ein neues, faires und zukunftsstiftendes Bewusstsein in unsere Gesellschaft bringen. Der echte und zielführende Streit wird erst durch diese kleine ökologische Erweiterung unserer Verfassung ermöglicht. In den Diskursen um Interessenausgleiche werden sich viele weitere erhellende und für unsere gesamte Gesellschaft und ihren Umgang mit der Natur neue und wesentliche Fragen und Diskussionen anschließen. Die Prognose: Wir werden die Natur darüber wieder kennen- und schätzen lernen.

»Die Verfassung des Anthropozän sollte die Natur als ein Rechtssubjekt begreifen, das seine Rechte selbstständig einfordern, einklagen und durchsetzen kann.« So hat bereits der Staat Ecuador die Natur als Rechtssubjekt verfassungsrechtlich anerkannt und ihr auf dieser Grundlage auch Rechte zugesprochen: »Die Natur ist Gegenstand der Rechte, die die Verfassung ihr zuerkennt«, heißt es in Artikel 10 Absatz 2 der ecuadorianischen Verfassung.

»Die Natur oder Pachamama, der Ort, an dem sich das Leben fortpflanzt und vorkommt, hat das Recht auf ganzheitlichen Respekt für ihre Existenz und für die Erhaltung und Regeneration ihrer Lebenszyklen, ihrer Struktur, ihrer Funktionen und ihrer evolutionären Prozesse. Alle Personen, Gemeinschaften, Völker und Nationen können die öffentlichen Behörden auffordern, die Rechte der Natur durchzusetzen. Zur Durchsetzung und Auslegung dieser Rechte sind gegebenenfalls die in der Verfassung festgelegten Grundsätze zu beachten. Der Staat gibt den natürlichen und juristischen Personen sowie den Gemeinschaften Anreize, die Natur zu schützen und die Achtung aller Elemente eines Ökosystems zu fördern«, heißt es weiter in Artikel 71 (eigene Übersetzung).

»Darüber hinaus werden von Argentinien, Kolumbien und in den USA die Rechte von Tieren und in Ecuador, Indien, Kolumbien und Neuseeland die Rechte von Flüssen vor Gericht berücksichtigt. In diesen verfassungsrechtlichen Regelungen und Praktiken wird die Natur als ein Subjekt begriffen – juristisch ausgedrückt: als ein Rechtssubjekt.« (Kersten 2020)

Unser Grundgesetz haben Menschen in der Zeit des rasanten Wirtschaftsaufbruchs nach dem Weltkrieg für Menschen geschrieben – und die Natur nicht berücksichtigt. »Die Würde des Menschen ist unantastbar« (Art. 1 des deutschen Grundgesetzes). Aber zu viele Menschen behandeln die Natur würdelos. Was hat denn mehr Würde als die Natur? Wir sollten ihr sehr dringend zumindest ihre Grundrechte zugestehen.

Bisher haben große Verbesserungen des Sozialen immer damit begonnen, dass Leute Rechte eingefordert haben. Es ist allerhöchste Zeit, die Grundrechte der Natur einzufordern, um Verbesserungen des Ökologischen zu erreichen.

Dies wie auch alle vorangegangenen Analysen und Lösungsempfehlungen dieses Buches sollen das Verständnis für die Natur in den relevanten Handlungsfeldern unserer Gesellschaft erweitern, sodass wir die Natur überhaupt anerkennen und mehr zu verstehen lernen – denn wir schützen, was wir lieben. Erst wenn wir die Natur in ihrem auch für uns lebensnotwendigen wie natürlich schönen Wesen richtig einzuschätzen lernen, werden wir sie erhalten, um mit und in ihr zu leben, sie beständig nutzen zu können und zu genießen.

Alle genannten Empfehlungen stellen nicht unser Gesellschafts- oder Wirtschaftssystem infrage, sondern stärken es mit Vorschlägen für immanente

Weiterentwicklungen. Mit dem notwendigen Wissen können der Erhalt der Natur gesichert und unser Leben verbessert werden. Es geht schlicht um die Zulassung und um die Anwendung des Wissens um die Natur. Es geht um das Schönste und Wichtigste.

Quellenangaben

Bundesverfassungsgericht (2021): Beschluss vom 24.03.2021, Az. 1 BvR 2656/18. https://www.bundesverfassungsgericht.de/SharedDocs/Downloads/DE/2021/03/rs20210324_1bvr265618.pdf?__blob=publicationFile&v=1, abgerufen am 28.06.2023.

Deutscher Bundestag (2013): Wie Umwelt- und Tierschutz ins Grundgesetz kamen. https://www.bundestag.de/webarchiv/textarchiv/2013/47447610_kw49_grundgesetz_20a-213840, abgerufen am 28.06.2023.

Fischer-Lescano, Andreas (2018). Natur als Rechtsperson. Konstellationen der Stellvertretung im Recht. In: Zeitschrift für Umweltrecht 4/2018, S. 205–216.

Kersten, Jens (2020): Natur als Rechtssubjekt. Für eine ökologische Revolution des Rechts. https://www.bpb.de/shop/zeitschriften/apuz/305893/natur-als-rechtssubjekt/, abgerufen am 28.06.2023.

Voßkuhle, Andreas (2013): Umweltschutz und Grundgesetz. In: Neue Zeitschrift für Verwaltungsrecht 1/2013, S. 1–8.

Nachwort

Unsere Vorfahren, »heidnische Völker«, verehrten die Natur. Bestimmt auch wegen ihrer vielen faszinierenden Geheimnisse und Gefahren. Auch mit unserem Wissen – vielleicht gerade hiermit – birgt die Natur einen weiten Raum für Spiritualität. Die Nähe unseres Selbst zu ihr, wissentlich und emotional, kann uns viel über unser Menschsein, unseren Platz in der Natur und die Verantwortung für sie erklären.

Dieses Buch habe ich in dem Jahr geschrieben, in dem meine Schwiegermutter gestorben ist. Für mich als gerade (oder schon?) Fünfzigjährigen ist dies auch eine Erfahrung, die zum »normalen« Leben dazugehört, denn ich vertrete in meiner Familie heute die mittlere Generation. Ich versuche meinen Kindern einen schönen und guten Start in ihr Leben zu geben und muss anerkennen, dass meine Generation altert. Ich stehe in der Mitte meines Lebens, zumindest wünsche ich es mir, und habe meine Schwiegermutter gehen sehen. Wir haben sie geliebt, in den letzten Jahren gepflegt und viel von ihr und mit ihr gelernt. Plötzlich ist sie gegangen, einfach gestorben, vielleicht um ihre Krankheit nicht siegen zu lassen. Für meine Familie und mich ist dies eine traurige Zeit, denn wir haben uns nicht verabschieden können.

Es war ihr Wunsch, ein kirchliches Begräbnis zu erhalten. Wir sorgten für einen schönen Sarg, bereiteten sie mit ihrem Lieblingskleid, ihren Lieblingsblumen und -düften für ihren Abschied vor. Wir suchten eine schöne Grabstätte unter großen, alten Bäumen aus, die ihr bestimmt gefallen hätte und die wir gern besuchen. Die Bäume zeigen in ihrer jahreszeitlichen Verwandlung stets die Schönheit und die Kraft der Natur, wie das vielleicht kein anderes Wesen vermag. Jeder Einzelne ist ein Meisterwerk, das selbst die objektiven Schönheitsideale des sogenannten goldenen Schnitts erfüllt. Hierzu hat einer der berühmtesten Mathematiker des Mittelalters, Leonardo Fibonacci, nachgewiesen, dass die Wachstumsvorgänge in der Natur wie im gesamten Universum regelmäßigen Anordnungen folgen, die von uns Menschen als objektive Schönheit erkannt werden. Natürlich ist diese Erkenntnis wissenschaftlich umstritten, aber wie lassen sich Schönheit und Würde objektivieren?

Bäume und Wälder verlebendigen Landschaften, wie es die menschliche Kultur nicht vermag. Sie schaffen einen lebendigen Zwischenraum zwischen dem Boden und der Atmosphäre für viele Klettertiere, Vögel und Insekten, Moose und Rankpflanzen. Außerdem sorgen sie mit ihren Wurzeln für Verbindungen im Reich der Pilze, dem für alles Leben grundlegenden Boden. Bäume spenden Schatten, Regenschutz und frischen Sauerstoff. Sie nehmen Kohlenstoff als Kohlendioxid aus der Luft und als Nährstoff aus dem Boden auf. Kohlenstoff ist der Stoff, aus dem jedes Lebewesen auf dem Planeten besteht, also auch wir. Bäume zeigen diese steten, perfekt austarierten, lebensstiftenden Kreisläufe, die den gesamten Planeten prägen und am Leben halten.

Dieses Grab ist ein ruhiger und für uns spiritueller Ort mit der Verbindung zu unserer Schwiegermutter, Mutter, Ehefrau und Oma. Sie hat sich entschieden, ihre Verbindung mit der Natur mit ihrem Begräbnis wieder einzugehen. »Erde zu Erde«. Tatsächlich wird sie nun auch wieder »zu Natur«.

Ist dies nicht das Schönste und Sinnvollste? Welche Religion kann diese faszinierende, alltägliche Realität der Natur schöner beschreiben? Spirituell ist dies, weil unsere Schwiegermutter als Natur mit uns in Verbindung steht. Rettend ist dies, weil die Natur in faszinierenden Kreisläufen das Leben sichert – und ist.

Nichts geht auf diesem Planeten verloren. Alles ist Naturmaterial. Kohlenstoff ist dabei der Stoff, aus dem wir Lebewesen bestehen, sowie das, was wir pflanzen und essen – und verbrennen (Holz, Kohle, Erdgas, Erdöl/Plastik). Kohlenstoff verändert im Zeitablauf nur seine Form – mal Mensch, mal Tier, mal Pflanze, dann wieder Humus usw. Auf diesem schönsten Planeten ist dies das schöne Geheimnis, das Leben schafft und erhält. Was gibt es Wichtigeres, Schützenswerteres? Alle Lebewesen auf diesem Planeten leben in den Wechselwirkungen der Natur miteinander, und damit sind alle auf das Miteinander für den Erhalt der Natur angewiesen. Es lohnt also, dies zu schützen: »anders« denkende Menschen zu informieren und von der Naturschädigung abzubringen. Auch wir alle sind Natur.

Und wenn es noch so vereinfachend klingt – ich möchte mein erstes persönliches Buch mit meinem persönlichen Wunsch schließen, der gleichzeitig meine Hauptempfehlung für uns alle ist: Wenn nur jede*r einfach die ganzheitlich, wirklich besten Produkte kaufen würde, täte sie/er das Beste für sich, für alle und für die Natur. Es ist ein schönes Wissen, das die Natur in ihrer gesamten Nutzung bzw. Nichtnutzung retten kann. Dies ist der größte Hebel für den Schutz der Natur, den jeder jeden Tag hat. Es sei denn, du hast auch die Macht, die weiteren empfohlenen Wege in unseren Unternehmen, politischen oder rechtlichen Systemen zu gehen, oder du hast noch weitere Ideen. Mehr denn je zählen jetzt gute Taten.

Der große Gegner der Natur ist unsere Normalität – wenn wir auf unseren Sofas sitzen, naturschädigende Produkte konsumieren, Medien streamen und nicht reflektieren, nicht darüber nachdenken, was sie in der Natur anrichten, und nichts für ihre Verbesserung tun. In der Zeit bezahlen und verantworten wir Naturschädigungen.

Ein afrikanisches Sprichwort sagt: »Wenn viele Menschen an vielen Orten Gutes tun, werden sie das Gesicht der Welt verändern.« Mit Herz, Courage und positiver Energie – und mit Wissen. Für das Schönste.

Bitte weitersagen.

Über den Autor

Tom Veltmann wuchs im Münsterland auf, machte eine Bankausbildung, studierte BWL und im Promotionsstudium Kommunikation und Wirtschaftspolitik. Er arbeitete in Banken, einer Werbeagentur und als Unternehmensberater, und er schärfte seinen Blick für die Verbindung mit der Natur.

© Tom Veltmann

Er beobachtete die Widersprüche der Normalität unserer existenziell bedrohlichen Schädigungen der Natur, die eigentlich keiner will. »Der Schlüssel für echte Verbesserungen liegt in unserer Art des Wirtschaftens verborgen.« Tom Veltmann entwickelte seine Beobachtungen zur Expertise. Er arbeitet als Berater, Dozent und Autor für Nachhaltigkeit und Strategie. In diesem naturschonenden und wirtschaftlichen Wachstumsfeld hat er internationale Unternehmen, Banken, Kammern und Verbände wie auch gemeinnützige soziale und Naturschutzorganisationen beraten. Das gewachsene Wissen und die Motivation für die Umsetzung von Nachhaltigkeit vermittelt er als Keynote Speaker und als Dozent in Seminaren für die Wirtschaft, Zivilgesellschaft und an Hochschulen.

Als Autor hat Tom Veltmann bisher in Auftragsarbeiten mehrere Bücher und Artikel veröffentlicht. Für Großunternehmen verschiedener Branchen und für Nachhaltigkeitsbanken schrieb er Nachhaltigkeitsberichte gemäß internationalen Standards – mit Auszeichnungen. Er wurde häufig gefragt, sein Wissen in einem Buch zu veröffentlichen. Dies ist nun sein persönliches Debüt, in dem er seinen Erfahrungsschatz als Lösungsangebote für den Naturschutz erklärt. Dieses Buch führt zusammen: die ursächlichen Zusammenhänge und Wirkungen unserer Art des Wirtschaftens auf die Natur und ihre Verbesserungen durch jede*n und jedes Unternehmen – als größten Hebel für den Naturschutz.

Tom Veltmann lebt mit seiner Frau und zwei Kindern in Münster.

Die Stadt als Landschaft

Unsere Infrastrukturen und Bauwerke wurden mit massivem Einsatz fossiler Energie errichtet – bieten uns aber heute enorme räumliche Potenziale für eine suffiziente Lebensweise. Wie das gehen kann, schildert dieses Buch. Es ist eine Ermutigung, das zu gestalten, was vor uns liegt.

A. Weißert

Ich bin die Stadt, das Klima und die Transformation
Durch Selbstwirksamkeit und Verbundenheit
zur regenerativen Stadt
176 Seiten, Broschur, 22 Euro
ISBN 978-3-98726-051-3
Auch als E-Book erhältlich

Die Evolution der Agrarwirtschaft

Die globale Agrarwirtschaft beruht weitgehend auf fossilen Energien, das muss sich ändern: Der Autor beschreibt den nötigen Wandel als evolutionären Prozess und lässt uns an der Kreativität von Pionier*innen anhand vieler internationaler Beispiele teilhaben.

A. Springer-Heinze

Die unendliche Transformation
Was wir aus der Evolution der Agrarwirtschaft lernen
224 Seiten, Broschur, 24 Euro
ISBN 978-3-98726-046-9
Auch als E-Book erhältlich

DIE GUTEN SEITEN DER ZUKUNFT

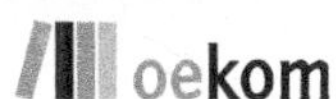

Worauf es ankommt

Der Mensch des Anthropozäns befindet sich auf einer gefährlichen Reise - aber ein gutes und gerechtes Leben für alle ist immer noch möglich! Ulrich Brasche plädiert für eine echte Partnerschaft mit dem Globalen Süden, innovativ gestaltete Märkte und ein gerechtes Finanzsystem.

U. Brasche

Auf dem Weg zu mehr Klimagerechtigkeit
Im Bündnis mit dem Globalen Süden Widerstände überwinden
174 Seiten, Broschur, 22 Euro
ISBN 978-3-98726-045-2
Auch als E-Book erhältlich

Wie nachhaltig ist die Kultur?

In Zeiten der Klimakrise werden im Kulturbereich nicht nur die Produktionsmuster hinterfragt - auch die Bilder, Worte und Werte geraten mit in den Strudel der Transformation. Die Kreativität und die Kooperationsfähigkeit der Künste sind daher gefordert wie nie.

M. Rivera

Kultur in der Klimakrise
Acht Vorträge zum Verhältnis von Sprache, Kunst und Nachhaltiger Entwicklung
156 Seiten, Broschur, 20 Euro
ISBN 978-3-98726-018-6
Auch als E-Book erhältlich

DIE GUTEN SEITEN DER ZUKUNFT